雨花台烈士传丛书

黄励 郭纲琳传

侍晓莎 陈春鸣 著

江苏人民出版社

图书在版编目(CIP)数据

黄励 郭纲琳传 / 侍晓莎，陈春鸣著. --南京：江苏人民出版社，2021.12
(雨花台烈士传丛书)
ISBN 978-7-214-25733-8

Ⅰ. ①黄… Ⅱ. ①侍… ②陈… Ⅲ. ①黄励(1905—1933)-传记②郭纲琳(1910—1937)-传记 Ⅳ. ①K827=6

中国版本图书馆 CIP 数据核字(2020)第 266837 号

书　　名	雨花台烈士传丛书——黄励　郭纲琳传
著　　者	侍晓莎　陈春鸣
特约审稿	姚江婴　田艳丽
特约编辑	李小曼　姚江婴
责任编辑	曾偲
装帧设计	刘葶葶
责任监制	王娟　钱晨
出版发行	江苏人民出版社
地　　址	南京市湖南路 1 号 A 楼，邮编：210009
照　　排	江苏凤凰制版有限公司
印　　刷	南京艺中印务有限公司
开　　本	718 毫米×1000 毫米　1/16
印　　张	8　插页 2
字　　数	112 千字
版　　次	2021 年 12 月第 1 版
印　　次	2021 年 12 月第 1 次印刷
标准书号	ISBN 978-7-214-25733-8
定　　价	29.00 元

(江苏人民出版社图书凡印装错误可向承印厂调换)

《雨花台烈士传丛书》编委会

主　任　张爱军

副主任　梁　勇　邢光龙　陈　勇

编　委　张爱军　梁　勇　邢光龙　陈　勇
　　　　杨中华　彭振刚　徐　春　肖兆权
　　　　赵永艳　杨永清

主　编　杨中华

副主编　田艳丽　姚江婴　杨　洪

目录

黄励传

引　子　/003

第一章　年少立志　/006
　　乡情与家世　/006
　　求学之路　/008
　　投身革命　/010

第二章　远赴海外　/013
　　留学莫斯科中山大学　/013
　　复杂局面中的斗争锻炼　/020
　　符拉迪沃斯托克（海参崴）的平静时光　/023

第三章　归国工作　/026
　　毅然回国　/026
　　女工们的"黄大姐"　/028
　　领导全国济总　/031
　　江苏省委首位女组织部长　/034

第四章　狱中斗争　/037
　　法庭激辩　/037

来不及的营救　　　　　　　　　　　　/043
　　不息的战斗　　　　　　　　　　　　　/046

第五章　芳魂永存　　　　　　　　　　　/051
　　活着就是要宣传共产主义　　　　　　　/051
　　红骨埋在雨花台　　　　　　　　　　　/054

主要参考文献　　　　　　　　　　　　　/057

郭纲琳传

引　子　　　　　　　　　　　　　　　　/063

第一章　名门大户的骄子　　　　　　　　/064
　　钟灵毓秀名门弄瓦　　　　　　　　　　/064
　　人小胆大扶弱助困　　　　　　　　　　/067
　　勤学善思敢做敢当　　　　　　　　　　/070
　　戏里戏外宣扬进步　　　　　　　　　　/072

第二章　良师引领革命路　　　　　　　　/075
　　得遇良师学生有幸　　　　　　　　　　/075
　　往奋斗的道路上走　　　　　　　　　　/077
　　进入公学迅速成长　　　　　　　　　　/078

第三章　情系抗日大事业　　　　　　　　/082
　　表现突出入团入党　　　　　　　　　　/082
　　学运工运努力担当　　　　　　　　　　/086
　　革命伴侣事业至上　　　　　　　　　　/091
　　理想坚定何惧曲折　　　　　　　　　　/093

第四章　永是勇士洒碧血 /097

　　法庭抗争大义凛然 /097

　　乐观健美奋斗不息 /101

　　信仰在怀生死度外 /106

第五章　此情唯寄雨花石 /114

后　记 /118

黄励传

引 子

1933年7月26日,位于南京城南夫子庙的国民政府南京宪兵司令部内执行了一次特殊的秘密处决。

成立于1932年的南京宪兵司令部,是国民政府宪兵系统最高指挥机构,由以心狠手辣著称的国民党中将谷正伦担任司令。九一八事变后,蒋介石主张"攘外必先安内"政策,这里成为关押刑审共产党员和爱国人士的魔窟。

然而此时,站在围墙下即将被执行枪决的,是司令部看守所班长张良诚,他的罪名是思想"赤化",帮助狱中的犯人通风报信。当谷正伦得知自己一手经营的司令部内竟有人为共产党干事,恼羞成怒之下,遂将张良诚原本五年的定刑改判为"枪决"。

就在20多天前的清晨,中共江苏省委组织部部长黄励①从这里前

---

① 黄励,又名黄丽、黄鹂,化名张秀兰。

往雨花台,高呼口号,从容就义。她正是促成张良诚转变的那个人。

立于枪口前的张良诚不止一次目睹过对革命者的残酷行刑,但此时的他内心笃定,眼前像过电影般回看自己的一生,脑海中一直浮现黄励的身影。

她一头短发,目光坚定,想方设法地与敌人周旋,经常用俄文唱海员歌和《国际歌》鼓励大家。看守所仿佛不是囚禁之地,而是她的宣传阵地。在遇见黄励前,张良诚只是一个穷苦出生、想着在动荡时局中谋个饭碗的年轻人,正是在黄励的启发下,他开始认识到共产党干革命,就是要让中国人不受外国人的欺侮,就是要让天下的穷苦人都过上好日子。黄励曾对他说,出身不重要,为国民党当过差也没有关系,重要的是今后选择做正确的事。

此时的张良诚愈发坦然平静,他庆幸自己选择做了正确的事。此前,他参加过黄励成立的狱中党支部活动,明白要革命就会有牺牲。

"打倒谷正伦!""打倒蒋介石!""共产主义万岁!"

张良诚挺直身子,振臂而呼,他要像一名真正的共产党员一样去死。

"砰!砰!"凄厉的枪声在看守所上空回荡,击打在每个人的心上。这枪声,对于谷正伦和刽子手们来说,像是敲响的丧钟,他们为共产党人坚强的意志和强大的影响力感到胆寒。

对于罗登贤、钱瑛、夏之栩这些黄励的难友们来说,张良诚的死让他们感到惋惜。他们不约而同地想到黄励。

钱瑛与黄励同牢,是黄励的亲密同事和战友。在个人经历上,她与黄励有不少相似之处:都曾在武汉读书,与爱人一同在莫斯科留学、生活过;被捕前,两人都在江苏省委工作;在看守所内,她们更是成为无话不谈、共同战斗的朋友。黄励的执着信念与过人胆识令钱瑛十分敬佩,在她看来,黄励是一名真正的"模范的布尔什维克"。

新中国成立后,钱瑛被任命为首任监察部长。在北京工作期间她多次搬家。每次安顿好后,她最惦记的事,就是将黄励烈士的遗像挂在客厅。

这是一名革命者对另一名革命者的崇高致敬。

在钱瑛保管的黄励遗物中,最珍贵的是黄励亲手剪下的一缕头发。黄励托她转交给自己的丈夫杨放之。

黄励牺牲时,杨放之被关押在苏州反省院。妻子的离去给了他沉重的打击,相当一段时间内杨放之都沉默不语。开往苏联的海轮、莫斯科中山大学幽静的校园、符拉迪沃斯托克(海参崴)美丽的沙滩……与爱人的点滴过往仿佛还在眼前。

"黄励在三十年代是最突出的,好像天空的一颗明星,照亮了监狱里的黑暗。"杨放之在回忆妻子的文中深情写道。

热烈而耀眼,坚定而乐观。不论是张良诚、钱瑛,还是杨放之,黄励总是给身边人带来无穷的力量。她短短28年的一生,成为那个如火年代中革命者用生命捍卫使命的生动注解,在历史长河中留下了一段深刻隽永的闪光记忆。

第一章 年少立志

乡情与家世

益阳,被誉为镶嵌在洞庭湖畔的一颗明珠,古时因地处益水(今资水)之北而得名。从秦始皇推行郡县制设立益阳县开始,这座有着两千多年历史的城市从未更名,这在中国诸多城市中并不多见。受洞庭涵润、资水泽养,益阳自古河港交织,水草丰茂,是名副其实的"鱼米之乡"。富足的物质生产,也让益阳成为湖湘文化的兴盛之地。宋元以后,益阳大小书院最多达近20家。到了清朝,崇文重教之风更盛,走出了陶澍、胡林翼等名臣才子。

1905年3月,黄励出生于湖南省益阳县(今益阳市赫山区)一个叫王家湾的村子。父亲的早早离世,给本就贫寒的家庭带来了沉重的打

击。黄励的母亲是一位坚毅刚强的妇女,靠着给别人洗衣服和做鞭炮的营生,独自抚养两个女儿。

受到母亲的影响,黄励自幼性格开朗,大大咧咧,不像个女孩子。平日里,除了帮助母亲和姐姐做活,最喜欢的就是听村子里的老人们说书讲古,尤其喜欢关羽单刀赴会、太平军大战益阳城的故事,每每听到这些,总是目不转睛,头脑里满是剑戟刀枪、金戈铁马的场景。母亲经常不解地问她:"一个女孩子家怎么对打打杀杀的这么感兴趣?"黄励总是一本正经地回答道:"关羽、洪秀全都是大英雄,我长大了也要做像他们那样的大英雄。"

虽然自小缺少父爱,但幸运的是,黄励有一个疼爱她的舅舅。到了读书的年纪,舅舅把黄励接到长沙,送她到长沙益湘小学①读书。懂事的黄励十分珍惜来之不易的读书机会,加之勤奋聪慧,她的成绩在班级里总是名列前茅,深得老师和同学们的喜爱。后来,秉性刚强的母亲不愿女儿长久寄居在外,便把她接回了家中。黄励心里虽然有一万个不舍得、不情愿,但懂事的她还是听了母亲的话,依依不舍地离开了校园。

回到家中,黄励白日里帮着母亲和姐姐洗衣服、做鞭炮,闲下来的时候,便拿出上学时读过的书本,在石板上练习写字、做算术。每每看到这样的场景,母亲的心里都非常难受,她知道女儿是多么向往校园、渴望读书。反复思虑,母亲最终还是把黄励送回了益湘小学读书。失而复得的读书机会让黄励更加觉得珍贵,也十分感激母亲。一个秋天的早晨,黄励又背着书包上学了。妈妈勉励她说:"妈妈穷,这学费是一点一点积的,你可要争气啊……"不等妈妈说完,黄励扑到妈怀里:"妈妈,我一定用心读书,我放学回家,还要帮你和姐姐做鞭炮……"听了女

---

① 益湘小学是1913年长沙基督教长老会在长沙创办的一所教会学校。学校设在外湘春街永恒堂北侧,凌支尼、马麟(美籍)、彭兆农先后任校长。基督教长老会于1912年创办成智小学(男校),校址在铁佛东街,抗日战争胜利后两所小学合并,称成智益湘小学。该校1952年由湖南省文教厅接管,更名新生小学,后交长沙市教育局管理,改名铁佛东街小学。

儿的这些话，母亲感到很欣慰。①

从此，母亲和黄励的姐姐更加日夜操劳，节衣缩食，供黄励读书。舅舅深知黄家贫苦，继续鼎力资助，直到黄励以优异的成绩完成小学学业。

求学之路

从益湘小学毕业后，黄励顺利考入长沙衡粹女子职业学校。②

当时的长沙城内，正掀起倡导男女平等的思想热潮，女性教育歧视、就业歧视的问题广受关注。为了让更多的女性接受教育，习得立身的一技之长，一些教育界、工商界的有识之士积极兴资办学，长沙城里的女子职业学校如雨后春笋一般开办起来。③ 在这些女子职业学校中，大多数都开设了缝纫、刺绣等实用性专业，也有蚕丝、染织、商科、艺术、师范等专业。长沙衡粹女子职业学校设有刺绣、美术、缝纫三科，黄励选择了缝纫专业。衡粹女子职业学校特别注重学生的实习训练，强调教、学、做合一的教学方式。黄励在校期间学习十分刻苦，掌握了熟练的缝纫技能，这也为她后来从事地下工作时亲手缝制各种化装用的衣物提供了方便。

从衡粹女子职业学校毕业后，黄励在长沙的一所小学里谋得了教

---

① 杨放之、黄静汶：《光照千秋——记黄励烈士》，载上海市妇女联合会妇运史资料组《上海女英烈》，1983。

② 长沙衡粹女子职业学校创办者之一缪芸可，是中国共产党第一位女性党员缪伯英的父亲。缪伯英曾担任上海市总工会女工部部长、沪中区妇女主任等职。参见李艳珍《中共第一名女党员的壮丽"春秋"：当年的湖南高考状元》，《百年潮》2020 年第 8 期。

③ 当时的长沙城里创办了十几所职业学校，如小吴门外的省立高级工科职业学校、北门外的省立高级农科职业学校、戥子桥的省立第一职业学校、稻谷仓的私立楚怡工业学校等。其中最多的当属女子职业学校，包括位于新河的省立第一女子职业学校、兴汉门的私立衡粹女子职业学校、学宫街的私立自治女子职业学校、永庆街的私立涵德女子职业学校、肇嘉坪的私立民本女子职业学校、中山西路的私立民范女子职业学校、伍家井的私立崇实女子职业学校等，共有 13 所，占职业学校总数约七成。参见邹欠白编《民国长沙市指南》，1934 年，藏于长沙市档案馆。

职,她一边教书,一边坚持自学,准备投考大学。1924 年,黄励如愿考入武昌中华大学文科,在舅舅的资助下顺利入学。

私立武昌中华大学校门

武昌中华大学是中国第一所不靠政府和外国人而独立创办的私立大学。1912 年,湖北黄陂县陈宣恺和陈朴生先后捐田两百石、白银三千两、官票五千串、家藏书籍三千余部,在友人们的支持和帮助下,共同筹建了私立中华学校。学校分设男女两部,由陈宣恺任校长。1915 年,民国政府教育部正式认可该校为大学,校名为私立武昌中华大学。到了黄励入学的时候,学校经过十余年的发展,已不断扩充学系,设立中国文学、教育学、经济学、法律学、数理学等系,同时开办高中和研究科。

黄励在武昌中华大学的读书时间并不长,只有一年左右,但这一段短暂的经历却对她产生了深远的影响。在校期间,黄励十分珍惜读书机会,像海绵吸水一样不断汲取各方面的知识。当时,武昌中华大学以"成德、达材、独立、进取"为校训,秉持"兼容并蓄,发展个性,崇尚自然"的教育理念,将中国古代兴办私学的教育传统与近代日本、欧美大学体制相结合,开创了符合近代中国国情的高等教育模式。校长陈时[①]开风气之先,通过专职、兼职结合的方式,建立了雄厚的教师队伍,

---

① 1917 年首任校长陈宣恺去世后,其子陈时继任武昌中华大学校长。

不但聘请了黄侃、刘博平、施洋、恽代英、黄负生等担任教职,还邀请了康有为、梁启超、章太炎、蔡元培、胡适、李四光等名家到校讲学。规模不大的校园里汇集众多大家名师,他们学养深厚、博通中外,深受同学们的喜爱。

专业学习之余,黄励经常与同学们探讨时事。当时的中国,一方面外受西方列强凌辱,内部军阀混战、分裂割据,中华民族已是千疮百孔、民不聊生;另一方面,随着中国国民党一大的召开,国共第一次合作正式建立,年轻的中国共产党在实践民主革命纲领和"联合战线"政策上取得重要胜利,工农运动迅速兴起,大革命风潮席卷各地。黄励利用课余时间,阅读了大量的时事新闻和时评文章,其中尤其喜欢读由恽代英、林育南等创办的《中国青年》①和《湖北妇女》②等启蒙刊物。通过阅读进步文章,黄励看到了民族的危难和民众的困苦,逐渐坚定了为劳苦大众翻身解放而奋斗的人生信念,革命的火苗在她的心中渐渐燃起。

投身革命

就在黄励革命思想渐渐萌芽的时候,一个重大历史事件的爆发,推动了中国革命的进程,也影响了黄励的人生选择。

1925年5月15日,上海内外棉七厂③的日本资本家以无纱为借口关闭布厂,拒绝夜班工人上工要求。下午,共产党员顾正红带领工人冲进工厂交涉,日本资本家非但不允,工厂大班(相当于厂长)还带着打手

---

① 《中国青年》1923年由中国社会主义青年团出版,是中国大陆现存历史最悠久的杂志之一,也是共青团中央主管主办的历史最长的红色媒体。参与创办和编辑的人员有恽代英、林育南、邓中夏、萧楚女、任弼时、张太雷、李求实等。其中,恽代英、林育南早年都曾就读于武昌中华大学。

② 《湖北妇女》创刊于1925年,由湖北省妇女协会编辑发行,旨在宣传中国共产党关于妇女运动的方针、政策,1927年停刊。

③ 内外棉纱厂是1925年日本在上海开设的27家纱厂之一,共有19个分厂,其中上海11个。

用铁棍、手枪朝工人乱打乱射,打伤10多人,顾正红身中4弹,刀伤10余处,因伤重不治,于17日在巡捕房医院去世。

日本资本家的暴行激起了上海市民的怒火。事件发生后,中共中央及时提出指导斗争的方针策略,指示上海各级组织动员工会、农会、学生会及各类社会团体发表宣言、通电,谴责日本资本家暴行,广泛募集捐款,援助罢工工人。

首先起来援助工人斗争的就是学生。5月30日上午,上海大学、大夏大学等20所学校2000多名学生分散到公共租界繁华区域,分头散发传单,进行演讲和示威游行。下午2时后,巡捕房开始大逮捕,100余名学生被捕。听闻这一消息后,数千名游行群众奔赴关押学生的南京路老闸捕房,要求释放被捕者。各路演讲队齐集南京路,要求释放被捕学生。英国捕头爱德华·威廉·爱活生下令向人群开枪,当场打死学生、工人13人,伤者不计其数,繁华的南京路顿时腥风血雨。这就是震惊中外的五卅惨案。

五卅惨案激起了上海人民的极大愤怒。6月1日开始,全上海掀起了一场反对帝国主义的总罢工、总罢课、总罢市运动。此后的十日内,残暴的帝国主义者又多次开枪镇压示威群众,打死打伤数十人。英、美、法等国军舰上的海军陆战队全部上岸,占领了上海大学、大夏大学等学校。然而,残酷的镇压并未吓退人民群众,相继有20多万工人参与罢工,5万余学生罢课,公共租界的商人全体罢市。

惨案同时点燃了多年来深埋于中国人心中对帝国主义的怒火。6月5日,中共中央发表《中国共产党为反抗帝国主义野蛮残暴的大屠杀告全国民众书》,强烈谴责帝国主义暴行,指出反抗帝国主义的目标,绝不止于惩凶、道歉、赔偿,而在于"废除一切不平等条约,推翻帝国主义在中国的一切特权",号召全国各阶级民众联合起来,投入反帝的民族斗争。在中国共产党的领导和推动下,五卅运动的狂潮迅速席卷全国。北京、广州、南京、重庆、天津、青岛等几十个大中城市和唐山、焦作、水口山等重要矿区,都举行了成千上万人的集会、游行示威和罢工、罢课、罢市。

在武汉，五卅运动同样得到了广大工人、学生的广泛响应，在中共党组织的宣传发动下，武汉各界群众走上街头，开展了声势浩大的集会示威运动。6月11日，汉口码头2000余名工人举行罢工和示威游行，抗议英商太古公司英籍船员无故殴打中国工人。当游行队伍行至公共租界时，英国水兵开枪射击，数十人被打死，30余人受伤，史称汉口惨案。

五卅惨案和汉口惨案的接连发生，让年轻的黄励看清了帝国主义殖民侵略的残酷本质和北洋军阀的帮凶嘴脸，也让她对中国共产党在领导人民开展反帝爱国斗争、争取民族独立解放中的作用有了更深的了解。在游行队伍中，黄励总是冲在最前面，向沿街群众散发标语，大声高喊"打倒帝国主义！""废除不平等条约！""撤退外国驻华的海陆空军！""为死难同胞报仇！"等口号。回到学校，她积极参加抗议游行的组织工作，和同学们一起制作标语、撰写传单，很快从一个运动的"参与者"成长为"组织者"和"领导者"，在学校里的影响力越来越大。这也使她成为学校反动势力的关注对象，他们扬言要开除她，甚至威胁说政府要逮捕她，黄励则毫不在乎地回答："你开除吧，反帝无罪，爱国也无罪。"①

在这场中国共产党领导的反帝爱国运动中，黄励经历了革命斗争的锻炼，开阔了眼界，坚定了心中的理想和信念。她郑重地向党组织递交了入党申请书，决心把整个身心献给国家和人民，献给为劳苦大众谋解放的事业。不久，这个在斗争实践中逐渐成熟的女青年得到了党组织的认可，加入了中国共产党。

---

① 杨放之、黄静汶：《光照千秋——记黄励烈士》，载上海市妇女联合会妇运史资料组《上海女英烈》，1983。

第二章 远赴海外

留学莫斯科中山大学

为保存斗争力量，培养革命干部，在黄励入党后不久，党组织决定送她和一批同志去苏联莫斯科中山大学学习。

得知组织的这一决定，黄励倍感振奋和鼓舞。20岁的她憧憬去更加广阔的天地成长历练，尤其是这样一所创办于社会主义革命发源地苏联、令中国革命青年纷纷向往的学校。

莫斯科中山大学是一所由苏联政府承办，专门招收中国学生，为国共合作和中国革命培养政治人才的特殊学校，隶属于苏共中央执行委员会和中国国民党中央执行委员会。其开办与孙中山的联俄政策密切相关。

1924年1月,以国民党第一次全国代表大会为标志,国共两党达成第一次合作。许多中共党员以个人身份加入了国民党。1925年3月孙中山逝世后,苏联政府决定在莫斯科建立一所大学,以纪念这位中国民主革命的先驱。

1925年10月7日,苏联派驻广州国民革命政府的代表和孙中山生前的政治顾问迈克尔·鲍罗廷将军,在国民党中央政治会议第六十六次会议上宣布,为了纪念中山先生,苏联共产党中央委员会决定在莫斯科建立一所孙中山劳动大学,专门为中国国共两党培养革命人才。不久后,学校在莫斯科成立,共产国际将这所学校定名为"孙逸仙中国劳动者大学",人们习惯称之为"莫斯科中山大学"或"中山大学"。学校既招收国民党员,也招收共产党员、共青团员。

中共中央通知各地党组织,选调一批年轻党员、共青团员和进步青年,在指定地点会合后,集体赴苏学习。① 黄励是湖北省选派的11名新生②之一。根据指示,她将和来自北京、天津、江西、湖南、河南、山西等地的新生③一同前往上海,于10月下旬集中登船,开始留学之旅。

当时,从中国赴莫斯科一般有四条路线。第一条是经哈尔滨从东北过境,这条线路虽路程较短,但占据东北的日本人百般阻挠革命者投奔苏联,所以危险系数最高。第二条需绕道欧洲,这条线路相对安全,但路程过长、费用较高,年轻学生难以负担。第三条是从上海乘坐轮船到符拉迪沃斯托克(海参崴),再转乘火车赴莫斯科,中国的赴苏学生大多选择这条路线,在出发地上海有组织地乘苏联货船,到符拉迪沃斯托克(海参崴)后再乘火车赴莫斯科。根据苏联当局的指示,货船

---

① 根据俞秀松、伍修权等人的家书和回忆资料分析,第一批赴苏联留学生的选派工作在1925年9月时已经开始。参见中国社会科学院青少年研究所青运史研究室编《青运史资料与研究》第3集,第127页;伍修权:《沧桑往事》,第50页,上海文艺出版社,1986。

② 其他10人为伍修权、梁仲民、潘文育、熊效远、贝云峰、濮世铎、胡彦彬、高衡、宋炜、杜琳。

③ 关于第一批前往莫斯科中山大学的人数,有关史料和回忆文章中存在100多人、200多人的不同表述。参见孙耀文《风雨五载——莫斯科中山大学始末》,第29—32页,中央编译出版社,1996;乌兰夫革命史料编研室编《乌兰夫回忆录》,第82页,中共党史资料出版社,1989;伍修权《我的历程》,第22页,解放军出版社,1984。

允许无护照、签证的中国学生进入并予以保护,当时这条线路成为中国学生前往莫斯科的首选。第四条是从新疆进入中亚,再前往莫斯科,20世纪30年代末,一些从延安赴苏联学习考察、治病养伤的党的干部,走的大多是这条路线。

黄励这批学生走的是第三条路线。1925年10月上旬,黄励和其他湖北新生从汉口坐船,秘密前往上海。在一个深夜,他们躲过警察和外国巡警,登上了停泊在黄浦江边的苏联货轮。同船前往苏联学习的还有张闻天、沈泽民、王稼祥、张琴秋等人,蔡和森和李立三也乘坐这艘船,前往苏联参加共产国际会议。当晚,货轮启航,首先驶向日本门司港。

前往苏联的路途遥远而曲折。船舱里密不透风,空气很差,加之旅途漫长,晕船的人很多,有的甚至呕吐不止。① 尽管条件艰苦,但大家始终保持着高昂的精神状态,他们热烈交谈,互相交换对于中国革命、世界共产主义运动的看法。

就是在这艘船上,黄励邂逅了此生的伴侣杨放之,让这次艰辛的旅程多了一份温馨和浪漫。

1908年11月24日,杨放之出生于河南省济源县(今济源市)河合村,幼时在村私塾上学,不久转入庙街蚕桑学校,后又到济源县第一高小读书。1921年夏天,杨放之考入位于开封的河南留学欧美预备学校。在这里,他开始接触《新青年》《向导》等进步刊物,积极投入中国共产党领导的学生运动之中。1925年,倾向革命的杨放之加入了国民党左派。同年,他参加了莫斯科中山大学留学选拔,顺利通过笔试和口试,与其他10多名河南青年学生一起前往苏联。一行人9月下旬从开封出发,到上海后停留了几个星期,四处打听苏联轮船的消息,并积极为出发作各种准备,终于在10月启程。

上船后不久,黄励就引起了杨放之的注意。这个留着短发的湖南姑娘,直爽干练,爱说爱笑,很快便与大家熟络起来,在同船的青年中显得十分活跃。她经常忙前跑后,帮助照顾晕船、生病不舒服的同志,陪

---

① 乌兰夫革命史料编研室编:《乌兰夫回忆录》,第81页,中共党史资料出版社,1989。

他们聊天，安抚他们的情绪。小小的个子，却好像总是蕴藏着使不完的力量。杨放之和黄励两人经常来到甲板，交流过往的学习和参加学生运动的经历，畅想学成回国参加革命工作的愿景。随着了解的加深，两颗年轻的心越走越近，慢慢在各自的人生规划中有了彼此的位置。

货轮于11月上旬抵达苏联边境城市符拉迪沃斯托克（海参崴）。符拉迪沃斯托克（海参崴）距离莫斯科7000多公里，是苏联在太平洋沿岸的最大港口城市，也是苏联海军太平洋舰队总部所在地。当时正值十月革命八周年纪念日，大家参加了当地政府举办的纪念活动。在符拉迪沃斯托克（海参崴）休整了三四天后，便改乘火车继续出发。

运行于符拉迪沃斯托克（海参崴）到莫斯科之间的西伯利亚铁路建成于1916年，是当时世界上最长的铁路线，列车的条件十分简陋。一位1926年赴莫斯科中山大学留学的学生曾这样描述这段旅程：

> 我们在1926年12月初离开海参崴赴莫斯科，沿横贯西伯利亚的铁路旅行。时值鉴冬，客车上没有暖气，奇冷无比。那时十月革命过去已九年，可是煤的供应仍很缺乏。我们所乘的西伯利亚列车只能靠烧木柴来运行，每个车站都有木头堆积如山。煤只用于国际快车。在这条铁路线上只有国际列车才有餐车。列车缓慢然而不停地朝前行驶，整整花了两星期才走完从海参崴到莫斯科七千四百多公里的路程。旅途中很不舒服，因为没有餐车，我们不得不于火车在大站停车时匆忙下车吃饭。……火车上的水柜冻得梆硬，在车上不能上厕所，更没有水喝。要想喝点水，得在车站排长队。①

虽然条件艰苦，但随着离莫斯科越来越近，大家的情绪愈发高涨

---

① 盛岳：《现代稀见史料书系·莫斯科中山大学和中国革命》，第76—77页，东方出版社，2004。

起来，国际歌和共青团歌此起彼伏，气氛十分热烈。① 火车从太平洋海岸出发，穿越荒无人烟的西伯利亚冻土带，跨过绵延高耸的乌拉尔山脉，经过宁静茂密的松树林。11月底，青年学生们终于抵达令人心驰神往的莫斯科。很快，大家被通知到位于伏尔洪卡大街16号的莫斯科中山大学报到。他们是这所学校的第一批学生，当时的学校还处于秘密状态，没有对外公开，也没有挂校牌。

莫斯科中山大学位于莫斯科河畔、克里姆林宫右侧，对面是世界上最大的东正教教堂——救世主大教堂。学校由沙俄贵族菲拉列特的别墅改建。教学楼是一座四层楼房，有100多个房间。一楼是餐厅，图书馆、教室、学习室、办公室分设在二至四楼，图书馆内藏书近万册。教学楼左边是排球场，后边是篮球场，冬天便改为溜冰场。校园内绿树成荫，环境优美。②

莫斯科中山大学

为了迎接首批来自中国的学生，莫斯科中山大学举行了隆重的开学典礼。考虑到中国学生回国以后的安全，以及方便俄方教员工作，每个中大学生都起了一个俄文名字。黄励的俄文名字是"Чаплина"③，

---

① 参见宋炜关于前往莫斯科中山大学途中的回忆资料，存于雨花台烈士陵园。
② 彭军荣编著：《红场记忆——中共早期留苏档案解密》，第16—17页，中国文史出版社，2015。
③ 中译名为察普琳娜。参见彭军荣编著《红场记忆——中共早期留苏档案解密》，第27页，中国文史出版社，2015。

领到的学生证是110号①。黄励拿着学生证,感慨万千:祖国的同志们是在艰苦环境中战斗,我们幸运地来到这里,应当刻苦学习,学好本领,回去后加入战斗。

校长狄拉克总管行政,米夫任副校长。学校不分院系,设有秘书处、总务处和教务处三个部门。秘书处兼有校长办公室职能,除了日常事务,还负责安全保密工作,包括通过秘密路线接送国外学生,与共产国际和国家政治保安局保持密切联系,对学生进行安全审查;总务处负责后勤工作;教务处主管教学工作,下设教务会议,由各科主任教授组成,定期讨论教学方法和内容。②

学校成立了翻译局、中国问题研究所、中文印刷所和国际评论部等。为培养速成翻译人才,学校还开设了俄文班,组织一些通晓中俄两国语言的人担任翻译,以配合课堂教学的需要。在那里,大量的马列著作被译成中文,为学生们系统学习掌握马列主义理论提供了便利,也对马列主义在中国的广泛传播产生了重要影响。

莫斯科中山大学在中国革命干部培养上投入大量资源,创建了当时一流的教学环境和生活条件。中国留学生的住宿、伙食、生活津贴等均高于苏联当时的平均水平。据统计,1925—1929年苏联总共向莫斯科中山大学投入近1000万卢布,用来保证教学需要和学生生活,还动用外汇储备供中国学生回国探亲。学校给学生发西服、大衣、皮鞋,寒暑假组织举办夏令营,外出考察学习。当时,苏联国内革命战争虽已结束,不再实行以高度集中为特点的战时共产主义政策,开始改行新经济政策,但其国民经济尚未摆脱困难境地,这也反映了共产国际和苏联对中国革命的重视程度。③

中大的一切都让来此的中国青年感到新鲜和兴奋。大家如饥似

---

① 参见杨放之、黄静汶《光照千秋——记黄励烈士》,载上海市妇女联合会妇运史资料组《上海女英烈》,1983。

② 教务处负责人为中共党员杨明斋。1925年夏,杨明斋在广州任苏联顾问团翻译。同年10月,受组织委托,在上海开展莫斯科中山大学学员选派工作,并带领学员前往莫斯科。1927年大革命失败后,奉命秘密回国,在京津地区工作。

③ 孙耀文:《风雨五载——莫斯科中山大学始末》,第58—62页,中央编译出版社,1996。

渴地学习了解各方面的知识和信息。学制两年,必修课包括:俄语、经济学、历史、现代世界观问题、俄国革命的理论与实践、民族与殖民地问题、中国的社会发展问题、语言学等。具体课程有:中国革命运动史(革命运动部分)、社会发展史、哲学(辩证唯物主义与历史唯物主义)、政治经济学、经济地理、列宁主义以及军事课等。[①] 除了丰富的课程设置,莫斯科中山大学的师资力量亦十分雄厚,其中不少是苏联的中国问题专家、汉学家、历史学家、经济学家和哲学家。校长狄拉克亲自教授中国革命史,他深入浅出、生动风趣的讲解深受学生欢迎,经常吸引各个班级的同学前来听课。

图书馆、操场、宿舍……校园中随处可见中国留学生读书思考的身影,并不时传来热烈的演讲和讨论声。一次,关于"什么是三民主义"的专题研讨引得大家竞相发言,前后竟持续了16个小时之久。[②] 黄励和杨放之被浓浓的学习氛围所感染,十分珍惜这次宝贵的机会,夜以继日、孜孜不倦地学习。通过对各种理论的辨析思考,此时的黄励和杨放之已完全接受了马克思主义,下定决心成为一名共产主义战士。杨放之此后填写履历,都将到达莫斯科中山大学的1925年11月作为自

莫斯科中山大学部分师生合影(中坐者二排右二为黄励)

[①] 杨胜群、闫建琪主编:《邓小平年谱(1904—1974)》上,第26页,中央文献出版社,2009。
[②] 于树功:《回忆莫斯科中山大学》,载全国政协文史资料委员会编《旧中国的文化教育》,第804页,安徽人民出版社,2000。

己参加革命的时间。12月,杨放之由刘少文①介绍加入中国共产主义青年团,并担任团支部书记。

对于刚入校的中国学生来说,俄语是最重要的课程,也是一道必须跨越的门槛。黄励深知俄语的重要性,除了参加每天4个学时的俄语课堂②学习外,几乎所有的空闲时间,都在反复练习听说读写。功夫不负有心人,经过几个月刻苦学习后,她已能够阅读一些俄文版的马克思著作和原版列宁著作。杨放之由于在国内读的是留学预科,语言基础较好,加上自身的勤奋努力,他的俄语水平提高很快,不久便能帮助其他同学翻译授课内容,还在校兼任经济地理课教员。1927年7月,杨放之由王稼祥介绍入党,担任支部委员。

杨放之手写简历

复杂局面中的斗争锻炼

看似平静的校园学习生活实则暗流涌动。建校于第一次国共合

---

① 刘少文(1905—1987),河南信阳人,1925年加入共产主义青年团,同年转入中国共产党。后赴莫斯科中山大学学习。1927年回国后,曾任中共中央翻译科科长、中革军委秘书兼中国工农红军总司令部政治教导员、中共中央西北局秘书长、中央社会部副部长等职。新中国成立后,任华东军政委员会委员、华东纺织工业部部长等。1955年被授予中将军衔。

② 在俄语学习方面,学校采用"快速学习法",主要包括阅读俄语报纸、散文,学习语法。每天4课时,每周6天。

作高潮时期的莫斯科中山大学,创办之初即受到国共两党的共同关注。随后,中国国内革命形势的变化也极大地影响着几千公里之外的中大校园。

随着四一二反革命政变的发生,国内革命局势迅速恶化,莫斯科中山大学内部也呈山雨欲来之势。1927年4月13日晚,校长狄拉克在学校的大礼堂里,向中国学生通报:同学们,你们的祖国,昨天发生了重大事件!以蒋介石为首的国民党右派打着"清党"的旗号,发动了四一二反革命政变,我们苏联共产党已经撤回了派驻中国广州政府的政治顾问鲍罗廷将军,苏联共产党与中国的国民党反动派已经实施了坚决彻底的决裂!会场上,一些学生听闻后义愤填膺,愤怒声讨蒋介石的倒行逆施。

不久,江苏、浙江、安徽、福建、广东、广西等省相继以"清党"为名,大规模搜杀共产党员和革命群众,大革命陷入严重挫折。受此影响,莫斯科中山大学的国共合作模式开始走向解体。国民党方参与学校管理的代表邵力子离开后,国民党籍学生和一些国民党官员子女也纷纷回国。国内革命形势进一步恶化。同年7月,汪精卫发动七一五反革命政变,蒋汪合作共同反共公开化,第一次国共合作全面破裂。国民党中央执行委员会于7月26日正式宣布取缔莫斯科中山大学,禁止向莫斯科派送学生。

而此时,在莫斯科中山大学留学的中共学生党员中,王明宗派集团制造了"江浙同学会""工人反对派"等冤案,处处打击持不同意见的老党员。黄励、杨放之等有正义感的同学强烈反对,与之进行了针锋相对的斗争,遭到了王明宗派集团的残酷打击。

黄励和杨放之在共同的学习和斗争中互相扶持,感情也愈加稳固。在到达莫斯科的第二年夏天,志同道合的他们在当地结了婚,住在学校为已婚学生租的一栋家属楼里。1927年,黄励因表现突出,被分配到莫斯科中山大学党的建设教研室工作。在那里,黄励进一步受到了马列主义理论的熏陶和实际斗争的锻炼。

当时,狄拉克的继任者米夫,有意在中国留学生中扶植王明等人,

黄励与杨放之在莫斯科郊外的合影

企图通过他们控制中国共产党。1928年6月18日至7月11日,中共六大在莫斯科召开,米夫负责会议行政事务。他在会前不断散播对中共负责人轻视和不信任的言论,通过流言蜚语,攻击瞿秋白、邓中夏等组成的中共中央驻共产国际代表团。

在黄励看来,中共中央代表团的负责同志,是历经斗争考验的党的优秀代表,最了解国内的实际情况。王明等人缺乏革命工作经验,依附米夫的权势,以绝对正确自居,对中共代表团负责同志进行无根据的指责和打压。她坚决反对王明等人的宗派活动,毫不动摇地维护中共中央代表团的主张,表现出坚定的政治立场。

1929年夏天,在学期总结大会上中共代表团与米夫、王明集团之间爆发了一场激烈的斗争。瞿秋白出席了这次大会,并发表演说,批评了王明集团,支持了大多数学生对米夫、王明等人的斗争。①

---

① 周永祥编:《瞿秋白年谱》,第82页,广东人民出版社,1983。

符拉迪沃斯托克（海参崴）的平静时光

在苏联期间，黄励任中共旅莫支部委员，她经常找支部党员谈心谈话，了解他们在莫斯科的学习、生活情况，帮助他们适应新环境，鼓励他们将学到的马克思主义理论与国内斗争相结合，学成之后报效祖国。1927 至 1928 年，黄励担任工会女工委员会主任，经常带领工会成员深入莫斯科工厂调研，宣传中国共产党发动工人运动，武装反抗国民党反动统治的情况。在这一过程中，黄励积累了大量群众工作的经验，表现出出色的宣传和组织才能。

她俄语流利，待人亲切，经常以自己参加五卅运动的经历为例，讲述在中国共产党的领导下，各社会阶级联合起来维护自身利益、开展反帝反封建斗争所迸发的强大力量。黄励的演讲富有鼓动性和感染力，受到工人们的欢迎和喜爱。

1928 年，世界反帝大同盟（又称反对帝国主义大同盟）在德国柏林举行代表大会。中共中央决定组成以瞿秋白为首的中国代表团参加，黄励是代表团正式成员之一。这个同盟是著名作家巴比塞、罗曼·罗兰、高尔基和宋庆龄等知名人士，于 1927 年 2 月在比利时首都布鲁塞尔发起成立的一个国际组织，旨在团结世界革命分子和被压迫大众，形成一个世界反帝联合战线。大会期间，代表团与各国代表进行了广泛讨论和交流。黄励主要负责搜集材料，协助瞿秋白准备发言稿。她夜以继日地工作，圆满地完成了任务。

1928 年 4 月至 1929 年 8 月，杨放之转入设在莫斯科的赤色职工国际①东方部工作，任中国代表团翻译。1928 年春，邓中夏从上海搭乘"基辅"号货轮，经符拉迪沃斯托克（海参崴）来到莫斯科，出席赤色职工

---

① 赤色职工国际 1921 年 7 月在莫斯科建立，在共产国际的领导下，引导协助殖民地半殖民地开展工会运动，1938 年 2 月解散。

国际第四次代表大会,会后留在莫斯科,参与赤色职工国际中央执行局领导工作,并参加中共六大的筹备工作。期间,杨放之成为他的秘书。

1929年黄励夫妇跟随邓中夏前往符拉迪沃斯托克(海参崴),参加8月15日至21日召开的太平洋劳动会议。这是一次由不同政治倾向的各国工会参加,具有统一战线性质的会议,出席人员包括来自中国、苏联、美国、日本、朝鲜、印度尼西亚等国的工会代表。①

会上,邓中夏重点围绕组织反帝斗争、实现太平洋沿岸各国工会统一战线等问题进行发言,并参与起草大会决议。由于国民党反动派的反革命活动不断升级,白色恐怖日趋严重,为了保障日常工作的开展,会议决定将大会秘书处由国内迁至符拉迪沃斯托克(海参崴)。

会议结束后,邓中夏参加了太平洋劳动会议秘书处的改组工作,他积极推荐黄励等同志为中国常驻秘书处的工作人员,并决定用中文、日文、朝鲜文等多种文字出版《太平洋工人》月刊,介绍成员国工会工作的情况和经验,加强各国工人阶级之间的团结合作。

此后,黄励夫妇留驻符拉迪沃斯托克(海参崴)。杨放之任《太平洋工人》杂志主编,黄励任编辑。黄励经常通宵达旦地工作,她撰写文章介绍中国红军在湖南、江西一带开展武装斗争的情况,并应邀到符拉迪沃斯托克(海参崴)的学校和工厂介绍中国的革命形势。他们编辑的刊物,从大连和哈尔滨经水陆两路运往中国内地,在各地工会和工人群众中传播,有力地鼓舞了群众的斗争热情。

在符拉迪沃斯托克(海参崴)的两年间,黄励和杨放之租住在一位俄国老妇人的房子里,房子坐落在一个小山坡上。他们常常在铁路车站的工人食堂吃饭,由于副食品供应紧张,每天只有四两面包、少量蔬菜、几块鱼,其他肉类很难见到。

尽管生活条件有限,但在符拉迪沃斯托克(海参崴),黄励夫妇度过

---

① 杨放之:《邓中夏同志在红色工会国际的革命活动》,1977年8月。

了一生中最宁静的一段时光。他们白天在符拉迪沃斯托克(海参崴)边区工会办公,编辑刊物。晚上,有时和苏联朋友聚会,交换对时局的看法;有时一起到海滩散步,聊起对祖国和亲人的思念……

第三章 归国工作

毅然回国

在苏联期间,黄励和杨放之过着既充实紧张又平静安定的生活。夫妻二人虽身处异国,但无时无刻不在关注国内的革命形势,学成回国、投身革命始终是他们日思夜盼的事情。

长沙是黄励的第二故乡,在那里她度过了13年的求学生涯。1930年7月,彭德怀指挥红三军团,抓住长沙国民党守军空虚之机,经过三天四饮的艰苦战斗,胜利攻占长沙。消息很快传到了苏联,这让黄励振奋不已。这场战役虽然是执行"立三路线"的结果,但也是工农红军首次占领省会城市,客观上起到了沉重打击敌人、扩大中共和红军影响的作用,在中国革命战争史上具有重要意义。黄励按捺不住激动的心

情,与杨放之一起向组织提出了回国工作的申请。

遗憾的是,红三军团占领长沙的胜利果实并没有得到巩固,在国民党反动派的大举反攻下,在占领长沙十天后红三军团便主动撤离了。同年8月,红一军团与红三军团会师,成立红一方面军,于次日决定"再打长沙"。8月30日,在毛泽东、朱德的命令下,红一方面军向长沙发起第二次进攻,经过一个多月的苦战,虽予敌以沉重的打击,但自身也伤亡惨重,加之弹药给养日益缺乏,在毛泽东的极力坚持下,红军最终主动撤出战斗,返回赣南根据地。

更为严重的是,受"左"倾冒险主义的影响,国民党统治区内,许多地方的党组织因为急于组织暴动,把原来的有限力量暴露出来,在短短三个月内付出了沉重的代价。河南、山东、山西等十几个省委机关遭受破坏,武汉、南京等城市的党组织几乎全部瓦解,红军在奉命进攻大城市时也遭到很大损失。

"立三路线"的大范围实行,使党的组织蒙受了巨大的损失,革命形势急转直下。一边是平和安定的海外生活,一边是艰苦卓绝、危机四伏的斗争环境,面对这样的选择,黄励和杨放之没有丝毫的犹豫,一次次向组织提出回国工作的申请,盼望早日站到革命斗争的最前线。

1931年7月,黄励夫妇的回国请求终于得到了组织批准。据杨放之回忆,临行之前,他和黄励来到海边,向工作了两年的符拉迪沃斯托克(海参崴)告别。那时,黄励格外想念她的母亲、姐姐,她望着茫茫的大海,感慨地说:"长沙,那里还有我的母亲和姐姐,可是,恐怕没有机会回家乡了。回国后,我们要是能到苏区,那该多好啊!"①

1931年9月底,黄励和杨放之结束了在苏联六年的工作和生活,带着对祖国的无限思念和对革命事业的憧憬,踏上了回国的旅程。他们先到苏联赤塔的联络站为回国入境作准备,而后乔装成商人,乘坐马车越过边境线,在哈尔滨登上开往大连的火车,之后又乘船前往上

---

① 杨放之、黄静汶:《光照千秋——记黄励烈士》,载上海市妇女联合会妇女史资料组《上海女英烈》,1983。

海。当他们踏上开往上海的轮船时,才深深舒了一口气:"终于回到战斗中的祖国了!"而此时的黄励,已经完成了从年轻的共产党员到坚定的布尔什维克的转变。

女工们的"黄大姐"

1931年九一八事变爆发,蒋介石采取不抵抗政策,激起了全国人民的极大愤慨和强烈反对。在中国共产党的号召和推动下,全国各地工人、学生和各阶层爱国人士纷纷举起抗日反蒋大旗,举行声势浩大的罢工、游行和请愿活动,白区工人运动出现了新形势。

在这样的斗争背景下,1931年10月,刚刚到达上海的黄励来不及休息调整,立即接受了组织任命,担任中国革命互济总会主任兼党团书记。

中国革命互济会是中共领导的群众性社会救济团体,前身为中国济难会。1929年12月24日,中国济难会第一次全国代表大会在上海召开,大会宣布中国济难会改名为中国革命互济会,并制定了《中国革命互济会总章程》,其中明确了革命互济会的宗旨与纲领,包括"反对白色恐怖;援助被压迫群众的革命斗争;救济被压迫群众革命斗争中被难的战士及其家属;号召贫民救济运动;反对伪慈善事业与欺骗的人道主义的宣传;号召群众援助并救济红军及红色区域民众"①。1931年初,中共中央作出《关于互济会工作决议》,互济会工作开始出现新气象,在援救被捕的革命者方面做了大量工作。

中国革命互济总会(以下简称"济总")的领导机关设在上海,下设援救部、组织部和宣传部。黄励初回国内时的上海笼罩在白色恐怖的阴霾之中,济总的活动被迫转入地下。面对复杂残酷的斗争环境,新到任的黄励,一来没有丰富的斗争经验,二来不了解国内斗争的形势,领

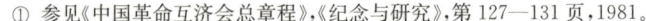

① 参见《中国革命互济会总章程》,《纪念与研究》,第127—131页,1981。

导济总的工作,让她感到巨大的压力。但黄励很清楚,济总的工作离不开群众特别是广大工人群众的信任和支持,她首先要做的就是走进群众、争取群众、发动群众,而上海沪西区的日本纱厂成了她的首要目标。

上海的近代工业发端于租界。"19世纪末,随着工厂数量增多、土地价值增值、产业升级,工厂逐渐以租界为中心向华界扩张,形成了杨树浦、沪西、闸北、沪南等四个工业区。其中杨树浦和沪西区是甲午战争后最早形成的两个工业区。"① 到了20世纪20年代,棉纺织业逐渐发展成上海重要的工业部门,特别是实力最强的日资纱厂,总资产和拥有的纱锭、纺织机、工人数量均占上海棉纺织业半数以上。苏州河到黄浦江沿岸,分布着日商内外棉纺织厂、上海纱厂、丰田纱厂、喜和纱厂、日华纱厂等几十家纱厂。

为了尽快掌握情况,黄励首先联系了上海沪西区委妇女部部长帅孟奇②,向她了解工运工作和工人生活状况。有了帅孟奇的帮助,黄励很快熟悉了工作环境,她经常穿着自己亲手改制的工服,走进工厂与工友人一起上工,和她们拉家常,教她们做衣服,帮忙一起做饭、带孩子。工人们有困难,黄励一定想尽办法帮助解决。她还编了一首歌谣,生动地反映了当时女工们的生活状况,在女工中广为传唱:

  北风呼呼声怒嚎,
  手提竹篮往外跑,
  望一望工厂未到,
  哎呦,哎呦! 望一望工厂未到。

  马路跑过两三条,

---

① 张玲:《1925:上海二月罢工中的苏北籍工人》,《大江南北》2015年第2期。
② 帅孟奇(1897—1998),湖南汉寿人,1926年加入中国共产党。1928年赴莫斯科中山大学学习。回国后任中共沪西区委委员、中共江苏省委妇女部部长、中共湖南省委委员、中共中央妇委委员等。在从事工运工作期间,经常深入到纱厂的工人群众中,宣传抗日救国的道理。新中国成立后,任全国妇联常委、中共中央组织部副部长等。是中共第八届中央候补委员、十二届中顾委委员。

两只脚都酸了,
去迟了工厂门关了,
哎呦,哎呦! 今天的工钱罚掉了。①

黄励很快被工人们接纳,大家一遇到困难,首先想到的便是找这位善解人意、热情直率的"黄大姐"。黄励也利用一切机会向工人们讲解革命的道理,告诉她们什么才是劳苦大众苦难的根源,要想走出苦难就要团结起来勇于斗争,敢于争取自己的权利。

在当时众多日本纱厂中,工作最难做的是喜和纱厂。为了赚取更多的利润,这家纱厂从江苏、安徽和浙江农村招用了很多女孩当童工,她们拿着微薄的工资,每天忍饥挨饿,却要干11个小时的活。工厂对这些童工管控极严,下工后她们就被锁进又黑又潮湿的屋子里,不能与外界接触。童工们过着牢狱一般的生活,成为资本家赚钱的"人肉机器"。

了解到这些情况后,黄励自告奋勇,主动要求去喜和纱厂开展工作。她先是与纱厂成年女工搭上线,再通过她们与童工们建立了联系。黄励一方面动用各方面力量向工厂施压,要求厂方停止对童工的剥削;另一方面,极力动员一部分童工参加沪西区工人补习学校的学习。黄励经常亲自给她们上课,一边教文化知识,一边传播革命思想,解释工人为什么受压迫、受剥削,怎样才能使自己得到解放。喜和纱厂的成年女工也联络了一些小姐妹来听,她们把听到的革命道理,在厂内秘密传播。

经过黄励和战友们的不懈努力,革命的种子终于在喜和纱厂散播开来。1932年1月,一·二八淞沪抗战爆发。中国共产党组织上海各界人民,团结起来支援十九路军抗战。中华全国总工会发表宣言,号召工人"武装起来!实行决死抵抗!"。黄励日夜奔走于各个工厂罢工委员会之间,动员工人坚持罢工斗争,同时领导互济会的各级组织发动

---

① 帅孟奇:《忆念黄励同志》,《革命烈士诗抄》第3编附录,第68页,中国青年出版社,1959。

和组织群众。上海50多家日本工厂工人举行罢工。喜和纱厂的女工们成立罢工委员会,打出反对帝国主义占领上海的旗帜,喊着"工人们最后胜利万岁!"的口号,走在上海街头,和广大工人一起坚持了两三个月的罢工。① 黄励和战友们撒下的革命火种,终于化作工人运动的熊熊火焰。

领导全国济总

在济总工作期间,黄励总是以身作则,带领同志们夜以继日地工作。白天她召开会议,指导工作,深入纱厂、学校开展宣传;晚上熬夜处理文件,撰写文章,经常一干就是通宵。她在《互济生活》上发表的文章通俗易懂,见解独到,受到读者欢迎。由于工作起来非常拼命,同志们给她起了个"铁匠"的绰号,以称赞她有铁打的身体和坚毅的品质。她曾对同志们说:"我们革命工作,要拼命才行。每天休息5小时就够了。"② 黄励充满激情的忘我工作,令同志们和工人群众敬佩不已。在她的带领下,济总的工作开展得十分顺利,特别是在援救被捕同志、救济被捕者家属和烈士家属等方面发挥了非常重要的作用。

九一八事变后,抗日救国运动如火如荼地开展起来。在中国共产党的领导下,当时的上海成立了很多以工人和学生为主的群众抗日组织,反对日本帝国主义侵略,要求国民党政府停止内战、一致对外。但国民党政府顽固执行"攘外必先安内"的反动方针,对外向日本侵略者妥协让步,对内实行高压统治,大搞白色恐怖,一大批爱国志士和革命群众遭到逮捕、镇压和屠杀。

黄励带领同志们千方百计地开展营救工作。他们通过互济会会员寻找可靠的社会关系,动员被捕人员的家属或亲属出面,或发动群

---

① 中央档案馆编:《江苏革命历史文件汇集(群团文件)》1928年5月—1936年,第356—357页,1989。
② 黄静汶:《我所知道的赤色革命互济会》,《武汉文史资料》2011年第9期。

1932年1月，上海市民举行抗日大会

众，用群众力量迫使反动政府释放被捕同志。为了增强互济会的战斗力，黄励非常重视在学生和工人队伍中发展新同志，分别在大夏大学、日华纱厂开办了学生干部、工人干部训练班，培养了一批互济会的骨干。她常对互济会的同志们说："做营救工作必须胆大心细，机智，善于接近群众，尽量避免损失。"①

1932年7月17日，中共江苏省委在上海共和大戏院（又名共舞台）召开了民众反对《淞沪停战协定》及援助东北义勇军联合代表大会，号召同胞们团结起来，一致抗日。会议参加者除上海10多个反日团体的共产党员、共青团员和反日积极分子代表外，还有南京、无锡、南通和崇明等地反日团体的代表，共100余人。会议刚一开始，大批国民党军警特务就包围了会场，除少数代表越墙脱身外，88位代表当场被捕，后又捕走7人，全案共95人先后被押送南京。这便是震惊上海滩的沪西共舞台案（也称"共舞台事件"）。

事件发生后，黄励立即组织济总同志开展营救工作。他们广泛发动群众，黄励到处宣传："东北抗日义勇军是我们的弟兄，我们应当支援他们。参加大舞台群众大会的代表是我们选的，他们代表着我们的要

---

① 黄静汶：《我所知道的赤色革命互济会》，《武汉文史资料》2011年第9期。

1932年7月18日,《申报》刊登《胶州路共和戏院内大批青年被捕》

求,如今他们被反动派逮捕了,大家应该团结一致,营救我们的代表……"①经过宣传动员,义愤填膺的群众包围了上海市公安局,要求当局立即释放与会代表。国民党政府急忙将一部分被捕代表转移至上海淞沪警备司令部,另一部分则被押解南京审判。

在黄励领导期间,互济会在工人、学生和革命群众中的影响力越来越大,这也引起了国民党反动派越来越密切的关注。为了保护身份,更方便地开展工作,组织上往往通过组建"家庭"的方式进行掩护。这一时期,黄励住在位于法租界辣斐德路(今复兴中路)甘世东路口新安坊内的济总机关。黄励的"家庭"是一户朱姓人家。在这个家里,朱大伯和朱大娘是黄励的"父母",其他成员还有朱家的儿女。另外,彭湃同志的大儿子阿松也住在这里,对外的身份是朱家的孙子。②"家庭"的组建虽然出于革命工作的需要,但"一家人"却有着深厚的感情。黄励十分疼爱阿松,经常辅导阿松功课,给他讲述彭湃英勇斗争的故事。朱大娘对黄励视如己出,在生活上给予无微不至的关爱,黄励也一直把朱大娘当作亲生母亲看待。

在腥风血雨的斗争环境里,一个临时组建的"家庭"给了黄励很多

---

① 帅孟奇:《忆念黄励同志》,《红旗飘飘》第7集,1958年4月。
② 黄静汶:《党的好女儿——纪念黄励同志英勇就义25周年》,《中国工人》1958年第12期。

温暖,不管工作多忙,她总是会操起裁剪缝纫的手艺,给"家人"做几件衣裳,还经常向朱大娘一家讲解革命的道理,教兄妹俩唱国际歌、少年先锋队歌、囚徒之歌,用二姐朱文英烈士的故事勉励他们勇于斗争。在黄励的影响下,朱大娘于1932年加入了中国共产党。①

江苏省委首位女组织部长

在上海工作期间,有一个人始终让黄励牵肠挂肚,那就是她的爱人杨放之。

和黄励一起回国后,杨放之担任了中共江苏省委党报委员会委员、上海沪西区委宣传部部长、海上区委书记等职。虽然同在上海工作,但黄励和杨放之至少要隔一两周才能见上一次。

1932年4月,不幸的事情发生了,杨放之在上海英租界被捕。几天以后,黄励才得到消息,且不知道关押地点。心急如焚的黄励对身边的工作人员说:"我这个营救革命同志的人,连自己的爱人关押在哪都打听不出来,简直是……"②

经过多方打听,最终确定杨放之被投入上海西牢③,黄励却因为工作,不能亲自探望,只能委托济总的同志代为探监。不久,杨放之被判刑两年半,解往苏州反省院囚禁。黄励没想到,她错过的竟是与爱人的最后一面。

1931年6月,王明离开江苏省委,王云程接任江苏省委书记。王明、王云程主持江苏省委工作期间,在敌强我弱的江苏地区推行比李立三时期更"左"的冒险主义,加上关门主义的影响,给党和革命事业带来了严重后果。同时,国民党特务机关大力推行"自首政策",利用叛徒进行追捕、指认、诱降、迫降,江苏党组织遭受严重破坏。

---

① 参见朱晓云回忆黄励在济总工作的口述资料,存于雨花台烈士陵园。
② 黄静汶:《我所知道的赤色革命互济会》,《武汉文史资料》2011年第9期。
③ 即上海提篮桥监狱,由于监狱长期受英国管辖,故又称西牢。

1932年，曾在中共中央、团中央、江苏省委担任过领导职务的徐锡根、黄平、余飞、徐炳根、袁炳辉等人相继被捕叛变，危及中共中央和江苏省委的安全，江苏省委接二连三遭到破坏。1930年，江苏党员总数约为8200名，到了1931年底党员数已减少一半，只有4000余名（其中上海700名）。1932年上半年突击发展了一批党员，但据该年7月统计，总数也只有3000余人。①

面对日益严峻的形势，1932年11月，中央决定对江苏省委领导班子进行调整，由章汉夫任省委书记，陈潭秋任省委秘书长，黄励任组织部部长。②

1932年底，黄励赴任江苏省委组织部部长，也将面临更加凶险复杂的工作环境。她白天拼命工作，晚上经常忙到深夜，一次因为过度劳累而晕倒，幸亏抢救及时，才脱离了危险。因为工作十分繁忙，黄励的吃饭问题只能靠"打游击"来解决，走到哪就吃到哪。据时任江苏省委宣传部部长应修人③的爱人曾岚回忆，黄励是"只知道工作不注意生活的同志，性格爽朗，没有一点女孩子气"④。曾岚知道黄励喜欢吃硬饭，尤其喜欢吃锅巴，所以每次都把饭烧得干一点，炕出黄亮亮、香喷喷的锅巴招待黄励。

在白色恐怖的环境中，黄励的组织工作才能得到了很好的发挥。那时候，党的组织经常遭到破坏，怎样建立新的支部，发展党的组织，是一个很困难的任务。黄励在区委书记联席会议上指出："应当以开展工

---

① 中共江苏省委党史工作办公室：《中共江苏地方史第一卷（1921—1949）》上册，第234页，江苏人民出版社，2012。
② 关于黄励任中共江苏省委组织部部长的时间有两种不同的说法。一种为1932年11月，参见中共江苏省委组织部、中共江苏省委党史工作办公室、江苏省档案馆《中国共产党江苏省组织史资料》，第83页，中共党史出版社，2014。另一种根据杨放之、钱瑛、黄静汶等回忆，黄励离开济总后，一度调中共中央组织部工作，1933年春任江苏省委组织部部长。
③ 应修人（1900—1933），浙江慈溪人。1925年加入中国共产党。先后在广州黄埔军校和武汉国民政府劳工部工作。1927年赴苏联留学，1930年回国后从事革命文化工作，参加中国左翼作家联盟。曾在上海中共中央军委、中共中央组织部工作，后任中共江苏省委秘书长、宣传部部长。1933年在上海与国民党特务搏斗中牺牲。
④ 曾岚：《忆念一个永垂不朽的名字》，载《革命故事战斗的一生——回忆应修人烈士》，第72页，浙江人民出版社，1959。

人工作为主,以发展工厂支部为主,特别是大的工厂,如上海南洋兄弟烟草公司、恒丰纱厂等,更要成为发展组织的重点。"① 她还提出,在街道支部发展新党员时要提高警惕,防止叛徒混入党内。在极端困难的条件下,黄励为党的组织建设工作提出了正确思路,作出了积极贡献。

1933年1月,中共临时中央政治局由上海迁入中央革命根据地瑞金,成立中共上海中央局,这是中共设在上海的代表机构,主要负责领导国民党统治区域内党的组织和各项工作,同时代表中共中央与共产国际取得联系。此时,上海的斗争形势异常残酷,党的组织持续遭到严重破坏,敌人处心积虑,到处抓捕革命同志,黄励成为他们的重点目标之一,处境十分危险。在此背景下,中央决定调黄励去苏区,这也是她梦寐以求的愿望。

---

① 杨放之、黄静汶:《怀念黄励》,《人民日报》1981年7月4日。

第四章
狱中斗争

法庭激辩

在为前往苏区做准备的同时,黄励并没有放下手中的工作。

受"左"倾错误路线的影响,中共上海中央局和江苏省委决定于五一国际劳动节在上海市中心举行"飞行集会",组织大范围游行示威活动,要求时任济总主任兼党团书记的邓中夏负责发动群众。为保存革命力量,避免不必要的牺牲,邓中夏几次向上级提出改变"飞行集会"的做法。他指出:革命群众刚刚组织起来,力量还很薄弱,"有的厂里党员不过几个人或十几个人,参加赤色群众团体的也不到全厂工人的百分之二、三,在这种情况下,绝不能再拿群众的生命去冒险。"①但这一请求未获通过,邓中夏、黄励等人只得执行上级决定。

根据组织安排,黄励负责主持劳动节纪念活动。她不分昼夜地奔忙,一心只想在去苏区前,把组织交予的最后一个任务完成好,她明知危险重重,却丝毫没有退缩。

不幸的事再次发生了,黄励遭到了叛徒的出卖。

出卖黄励的是她的秘书周光亚。周光亚与黄励都曾在莫斯科中山大学学习,1931年回到上海。黄励任江苏省委组织部部长时,周光亚为她的秘书,周光亚的妻子黄润华和黄励住在一处,平日里黄励对夫妇二人的工作和生活十分关心。周光亚被捕后,黄励托各种关系,设法营救他,还安排黄润华去牢中探望,告知他外面的情况。

然而,黄励不知情的是,周光亚经不住敌人的威逼利诱已经叛变,供出了黄励的身份。② 敌人让黄润华说出她们的住处,可以换得周光亚出狱。黄润华无耻地将黄励出卖。为了不让黄励生疑,她还按照敌人的要求,回到住处,谎称周在狱中坚持斗争等待营救,并潜伏在黄励身边,伺机向敌人泄露更多情报。

就在黄励完成工作交接,准备动身前往苏区前一天。这个女人将消息偷偷告诉了法租界巡捕房。③

1933年4月9日晚上11时,天色阴沉,北山西路这条僻静的街道平常早已不见行人。路灯昏暗,闪烁不定,突然几个鬼鬼祟祟的人影闪进顺庆里,悄悄摸到41号门前。

"砰砰砰……"一阵急促的敲门声过后,没有人来开门。随后一群人破门而入,屋内传来了混乱的搜查声,打破了沉寂的夜空。

屋里没有一个人影。原来,房间的主人这时已经搬迁了。扑了空的敌人大为恼火,要周光亚说出黄励其他可能的栖身处。

4月25日上午11时,法国巡捕和军警在周光亚带领下,又来到黄励位于西爱咸斯路(今永嘉路)的住处。黄励被捕了。敌人搜遍了她的

---

① 《邓中夏全集》下,第1667页,人民出版社,2014。
② 周光亚叛变后在上海市公安局特务股说服组,专门劝降共产党人。
③ 黄静汶:《党的好女儿——纪念黄励同志英勇就义25年》,《中国工人》1958年第12期。

房间，只搜出"大洋一元,小洋六角,手帕一条,钢笔一支,眼镜一副"。

上海《申报》刊登了黄励被捕的消息：

拘获女共产党——长沙人张秀兰

上海市公安局局长文鸿恩,于日前接得密报,谓有共产党女党员长沙人张秀兰,即黄丽,现年廿九岁,匿居法租界西爱咸斯路七二九号弄内九号门牌,在沪秘密工作等情。文局长据报,于前日上午,备文派员,投法捕房声请协助拘捕移提等情,当由政治部长派中西探会同按址驰往,将张拘获,并抄出文件书籍等物,带入捕房。翌日下午,解送江苏高等法院第三分院请讯。三点半时,由周韫辉刑庭长偕郭德彰、樊培恩两推事,会同检察官开刑三庭提审,捕房律师姚肇第出庭,声请延期调查,公安局亦派员到案,请求移提。因庭上宣告案关政治,禁止旁听。闻审讯结果,庭谕改期查明再讯,被告还押候示。①

《申报》报道黄励被捕消息

---

① 《申报》1933年4月28日。

4月26日下午,上海法租界巡捕房和上海市公安局以"危害民国紧急治罪法",将黄励押到江苏高等法院第三分院。

下午4时开庭。在法庭上,黄励同审判官进行了一场针锋相对的斗争。

审判长厉声问道:"你叫什么名字?"

黄励坦然回答:"张秀兰。"

审判长问过年龄、籍贯和住址,接着问:"受过什么教育?"

黄励不慌不忙地回答:"没有。"

审判长紧接着又问:"做什么工作的?"

黄励看了他一眼回答:"没有职业。"

审判长突然掉转话头,问道:"你在莫斯科中山大学读书几时回来的?"

"你抓错人了。"黄励肯定地说。

"你是叫黄励吧!"

"我说过叫张秀兰。"①

审判长渐渐失去了耐心,大声喊道:"胡说,你叫黄励,是共产党员,有证据,你竟然敢欺骗本法庭吗?"

审判官口中的"欺骗"一词,激怒了黄励。她瞪大眼睛,义正词严地说:"说到'欺骗',你们国民党哪一天不在欺骗民众?同日本签订的《淞沪停战协定》,又不敢公布,这不是欺骗?上海是中国人的地方,却要外国巡捕来抓中国人,这岂止是欺骗,简直是卖国……"

碰了钉子的审判官只得传唤周光亚。

"廖平凡(即周光亚)出庭作证。"

周光亚胆战心惊地走了出来,黄励怒目而视,周光亚目光游离,丝毫不敢与黄励对视,用手指着黄励小声说:"她不叫张秀兰,她叫黄励,是江苏省委组织部部长……"

看到周光亚后,黄励怒不可遏,伸手便要打叛徒耳光,被法警拦住。

---

① 国民党江苏高等法院第三分院审讯笔录,存于雨花台烈士陵园。

在济总工作时,黄励见过太多由于叛徒出卖被捕牺牲的革命同志,她想到跟随自己的秘书竟是贪生怕死的小人,想到由于周光亚的叛变,还会有更多的同志暴露在危险之中,便再也按捺不住对周光亚的蔑视和仇恨。不等叛徒说完,她猛地朝他脸上啐了几口唾沫,厉声骂道:

"你这个无耻的叛徒,贪生怕死,还有什么脸敢来见我?!赶快滚,不要站在我的面前,污辱了我的眼睛……"

此时的周光亚头也不敢抬,垂着脑袋浑身发抖。

审判长气急败坏地喊道,"你知道这是什么地方?这是法庭,你竟敢蛮横骂证人。"

黄励仰着头,对着审判长大声说:"对叛徒就是要骂。这是法庭么?这是保护坏人的罪恶机构。要是我当法官,在我们的法庭上,不但要审判这个叛徒,还要把你们这些甘当亡国奴的人都监禁判刑。"黄励开始历数国民党反动派屠杀革命志士、对日本侵略者妥协退让的行径。

"住口!这不是你的宣传场所。那你承认你是黄励,承认你是共产党了?"

"对,我就是黄励,光荣的共产党员。我们共产党就是要打倒帝国主义,打倒你们这些无耻之徒,共产党的事我做了很多,就是不告诉你们!"黄励的回答掷地有声。

面对黄励的大义凛然,审判官草草结束了这场艰难的审判,匆匆念了宣判书:"根据本法庭审理结果,被告张秀兰原名黄励,系共党江苏省委组织部部长,有廖平凡等人供证。依据危害民国紧急治罪法第七条,决定本庭被告张秀兰,转交由上海市公安局移提归案讯办。"①

数名法警冲了上来,给黄励戴上了手铐。黄励昂首挺胸走出法庭,明亮的眼神中没有一丝惧色……

关于这次庭讯情况,上海《申报》又刊发了一则报道:

---

① 杨放之、黄静汶:《光照千秋——记黄励烈士》,载上海市妇女联合会妇运史资料组《上海女英烈》,1983。

法庭上的黄励（油画）

女共产党张秀兰移解

住法租界西爱咸斯路七二九号弄内九号门牌，湖南长沙人女子张秀兰，又名黄丽，年廿九岁，在共产党中担任重要职务，在沪秘密工作。其书记某甲于日前在公共租界被上海市公安局派员报请捕房协助拘获，解送高二法院，由公安局移提归案讯辩，旋据甲供出张之住所。遂由公安局再请法捕房协助，于上月二十五日上午十一时将张逮捕，翌日解高三分院请讯各情，已略志前报。兹悉张女充任共党江苏省会区组织部长，在沪活动。闻高三分院提审时，张直认反动，对庭上所讯，一味强硬挺撞，答非所问。是日公安局派员到案迎提，并将其书记某甲带案质对，张见甲面时，怒目狰狞，恨不能一口吞甲下肚，以伸其泄露秘密之恨，闻当日即由庭上裁决被告张秀兰准交公安局来员提去归案讯办。①

——————
①《申报》1933年5月1日。

《申报》报道黄励庭讯情况

庭审结束后，黄励被转送到上海市公安局。在那里，对待政治犯的方式从原来以严刑拷打为主，改为以哄骗利诱为主，常常让几个叛徒前来"现身说法"。但黄励在法庭上英勇斗争、大骂周光亚的事已经传开，叛徒们害怕被骂，都不敢前往劝降，最后只草草做了姓名登记，便准备将黄励转送南京宪兵司令部看守所。[①]

来不及的营救

对于黄励的被捕，邓中夏十分痛心。他不顾个人安危，积极呼吁各界开展营救，第一时间以"上海工人、学生、劳动群众"的名义，起草了《要求立即释放黄励，释放在五一劳动节被捕的六十余战士及启封国民御侮自救会的抗议书》。

《抗议书》中写道："我们反帝抗日的急先锋、劳动妇女解放运动的领导者、中国工人阶级最忠勇的领袖——黄励于4月25日被帝国主义国民党所逮捕，现在押在南京国民党中央党部。""五一劳动节，我们上海的工人、学生、劳苦群众举行的大示威中……又捕去我英勇的战士

[①] 黄静汶：《党的好女儿——纪念黄励烈士英勇就义25周年》，《中国工人》1958年第12期。

六十余人,现在押在法巡捕房公安局,受着同样残酷的拷打与非刑。同时,国民党又在帝国主义指使之下,封闭真正反帝抗日的国民御侮自救会,硬要将整个华北及中国,双手送给日本帝国主义……我们还能忍耐吗?"

《抗议书》明确指出:"我们认为黄励及六十余战士没有罪,相反的,她们是我们中国广大的工人、学生、劳苦兄弟姊妹们最好的朋友,是站在反帝抗日最前线,领导我们广大群众,反对国民党出卖华北、出卖中国,反对日本,反对各帝国主义瓜分中国,坚决为中国民族独立,为工农劳苦群众获解放(的)。国民党协同帝国主义逮捕她们,正是因为她们参加和领导我们中国的反帝运动、工人运动,同时也完全地暴露了国民党投降帝国主义屠杀劳苦群众的狰狞面目!"①

这封抗议书充分表达了上海各界对国民党政府强烈不满、要求释放黄励等人的巨大呼声。抗议书在上海各地散发后,产生了很大的社会影响。邓中夏本打算发动各界联合开展救援运动,以迫使国民党政府释放黄励等被捕人员。然而,5月15日,邓中夏亦不幸被捕。

与此同时,中共江苏省委紧急部署营救黄励的行动。1933年5月3日,中共江苏省委向各级党支部发出紧急通知:

各级党部:
　　黄励同志是反对帝国主义国民党白色恐怖的坚决的领袖,在营救牛兰夫妇和一切政治犯的运动中,她是上海无产阶级群众的唯一的领袖!她领导过上海的工人运动,是工人群众所信仰的波尔雪维克的战士!
　　黄励同志于四月廿四日②由于国民党刽子手无产阶级叛徒周光亚和黄润华(周妻)的告密被帝国主义租界当局捕去。叛徒周光亚无耻的指证黄同志。在酷刑虐残之下,黄同志表示最勇敢最坚

---
① 冯资荣、何培香编著:《邓中夏年谱》,第415页,中国文史出版社,2014。
② 应为四月二十五日。

决,始终是为中国革命而斗争的领袖。她在狱中绝食反抗帝国主义国民党和叛徒们的白色恐怖!她在法庭上揭露了帝国主义国民党和叛徒们的狰狞面目,骂得他们狗血淋头,真是要一口气把他们吞下肚去!现在黄同志已解到南京,生命危在旦夕!

我们对帝国主义国民党和叛徒们的逮捕酷刑对待黄同志应做最有力的反抗。各支部要立刻举行群众大会,组织营救会,广泛的进行抗议书签名运动,募捐探慰黄同志,各区应在几个群众的营救会基础上,组成区委员会,以至于全上海的营救委员会,派群众的代表团去南京,并要民权保障同盟提出,立即释放黄同志和一切政治犯!

同时,要将黄同志的英勇斗争的事实,向广大群众宣传,和周光亚夫妇及一切叛徒的刽子手行为对立起来,提高群众对叛徒的愤恨,立刻在各厂至少组织两队自卫队或打狗队,肉体消灭叛徒。

互济会要立刻进行分会的动员,要运用黄励同志所领导的营救牛兰夫妇运动中的经验,进行群众的营救!

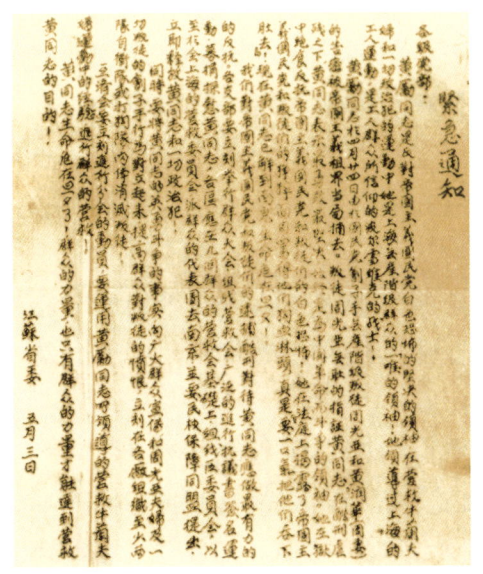

中共江苏省委关于营救黄励的紧急通知

黄同志的生命危在旦夕了！群众的力量，只有群众的力量才能达到营救黄同志的目的！①

　　上海各级党组织、互济会等群团组织都纷纷知晓了这个消息。一些曾与黄励共事以及被济总营救过的同志更是心急如焚。然而，国民党当局对黄励的审判和转押进行得太快了，营救计划最终失败。邓中夏痛心地说："济总营救都来不及，黄励同志已被押解到了南京。"

不息的战斗

　　4月26日深夜，一列从上海开出的火车，飞快驶抵南京车站。旅客们看到一队国民党反动派的士兵，朝列车后面奔跑。不一会儿，从最后一节车厢里，士兵们押出几名戴着手铐的犯人。走在前面的是一位年轻的短发女子，眉眼间镇定淡然、英气十足。

　　她正是黄励，即将被转移到南京宪兵司令部看守所。在那里，黄励也从未停止过革命工作。她时刻准备着，为共产主义牺牲自己的一切。

　　南京宪兵司令部看守所位于秦淮河畔，分甲、乙、丙三所。甲所是建成不久的新式监狱，专门关押政治犯。牢房为全封闭式，不见天日，很少放风；层层铁门，道道警戒；屋顶之上，岗哨密布。乙所是"优待室"，丙所是大号房。

　　黄励被羁押至此之前，宪兵司令部的女牢已经关了许多女政治犯。黄励在这里看到了几位熟悉的同志，她们是钱瑛、夏之栩、何宝珍、谭国辅、熊天荆等。

　　夏之栩是黄励的老部下，与黄励走得很近。夏之栩1906年出生于浙江海宁，曾用名夏子胥。1918年考入湖北女子师范学校，在校接受共产主义思想。1922年5月加入中国社会主义青年团，1923年1月转

① 《中共江苏省委紧急通知》，1933年5月3日，影印件存于南京雨花台烈士陵园。

南京宪兵司令部旧址

为中国共产党党员。同年到北京担任北方区团委委员。1924 年至 1928 年先后任共青团北京地委候补委员、北京妇女国民会议促成会委员、共青团北方区执行委员会宣传委员会书记兼妇女运动委员会书记、中共中央办公厅党务委员会秘书处负责人等职务。1929 年赴莫斯科学习。1932 年被分配到全国总工会女工部工作。曾任中共上海江浙区区委委员、江苏省委秘书,中央组织部秘书及交通等。

钱瑛也是黄励的老相识,二人被捕前都在江苏省委工作。钱瑛原名钱秀英,又名生桂,号海霞,曾用名彭友姑、陈萍等。1903 年出生于湖北咸宁。曾参加五卅运动,1927 年 3 月加入中国共产主义青年团,同年转为中共党员。先后任江西省九江市总工会组织干事、中共广东省委宣传部干事。1928 年在上海任全国总工会秘书兼交通。1929 年赴苏联,入莫斯科中国共产主义劳动大学。1931 年回国后被派往湘鄂西革命根据地,参加洪湖根据地和潜江县委的领导工作,建立一支红军游击队。先后任中共湘鄂西分局职工工作委员会委员兼总工会常委、秘书长,中共潜江县委组织部部长、县委书记,中共江苏省委妇女委员会秘书。1933 年 4 月由于叛徒出卖,被捕入狱。

1937年夏之栩（左）、钱瑛（中）、张越霞出狱后合影

在感情生活上，钱瑛和黄励也有很多相似之处。钱瑛的丈夫是曾任中共梧州特委书记的谭寿林，二人相识于上海，志同道合、心心相印。1928年12月，二人结为夫妻。新婚未满百日，钱瑛接到中央组织部的通知，前往苏联莫斯科中国共产主义劳动大学学习。在苏联，钱瑛发现自己怀孕了，不久，女儿提前呱呱坠地。女儿先天不足，瘦小得可怜，自己却不能全心全意照料她。

钱瑛万般不舍地把女儿送进了一家保育院代为抚养，紧张的学习使她几乎没有空闲去看望女儿。1931年春，学习期满，钱瑛即将回国工作了。这时国内斗争的形势异常严峻和残酷，谭寿林整日为革命奔波,也不可能抽出时间照顾幼小的女儿,想到回国后等待着自己的大量工作,钱瑛决定只身回国,把女儿留在苏联。临行前最后一次去保育院看望女儿时,她搂抱着女儿久久舍不得放下,泪如雨下,心似刀割,但仍然义无反顾地踏上了归途。①

由于湖北洪湖地区急需干部,党组织决定派他们夫妇去洪湖工作,正欲启程,上海的工会组织遭到敌人的破坏,谭寿林主动提出留下来做善后和恢复工作,处理好上海的工作后再去洪湖与钱瑛会合。于是钱瑛再次与丈夫告别。然而1931年4月谭寿林又一次被捕,后被转到南京,在狱中,谭寿林坚贞不屈、视死如归,于5月30日在雨花台英勇就义,年仅35岁。

谭寿林

而此时,黄励的丈夫也被关押,生死未卜。二人经常互诉衷肠、加油鼓劲。

与许多关押中共党员和进步人士的牢房一样,南京宪兵司令部看守所也形成了一些对付入狱者的"套路"。

看守所了解黄励在法庭上的表现,知道"来硬的"行不通,便处心积

---

① 20世纪50年代,钱瑛才辗转得知孩子已在苏联夭折的消息。

虑地让黄励住进了乙所,即"优待室"。所谓"优待室"就是一间单人牢房,门不上锁,可以散步,还能经常看报读书。房间里有一本小册子,封面上写有"转变"两个大字,下面是一行小字:中国国民党中央党部组织部社会调查统计科编印。材料前几页宣扬国民党反动派历年来反共反人民的"成绩",以及他们了解到的中共党组织情况和红军分布图,最后是一些叛徒的"转变自首书"。

除此之外,还常有人前来"看望"和"开导"。①

黄励一眼便识破了敌人的阴谋伎俩。前来劝降的王云程、胡大海、袁炳辉等人遭到黄励的厉声怒骂,被她称为"国民党的新同志",几十个叛徒的围攻均告失败。② 同时,黄励充分利用这些"感化"自己的"待遇",为狱中工作创造便利条件。

黄励深知,对于身处囚室的难友们来说,外界的消息,尤其是革命形势的发展状况是他们最迫切想知道的,也最能给大家带来信心和希望。她经常彻夜阅读报刊,或从前来劝降人口中了解、分析外界局势,然后利用放风的机会悄悄告诉难友们,组织大家与敌人周旋和斗争。

黄励还给难友们讲革命故事,教大家唱《国际歌》《马赛曲》。她将苏联的海员歌用中文、俄语、德语、英语教给大家唱,鼓舞大家的斗志,坚定必胜的信念。她把敌人给她的食物分给生病的同志,帮助体弱的难友缝洗衣物。她还与陈赓、罗登贤、夏之栩等人一道,在敌人心脏开展策反工作,寻找合适的对象进行宣传鼓动,帮助他们弃暗投明。

---

① 刘功成:《邓中夏传》,第230页,江苏人民出版社,2016。
② 参见《访问叶护生同志谈话(关于黄励同志情况)》、钱瑛所写《模范布尔什维克的黄励同志》,资料存于雨花台烈士陵园。

第五章
芳魂永存

活着就是要宣传共产主义

虽然身陷囹圄，面对敌人各色酷刑、欺骗、利诱，黄励却从不消沉和迟疑，支撑她的是对革命必胜的信心，是对日本帝国主义侵略中国图谋终将破产的笃定，还有对亲人、爱人的思念和牵挂。

敌人给她送来的精美食物，她看都不看一眼；敌人对她说只要以后不为共产党干事，就可以获释，想要国民党内的职务，都可答应，她不为所动。看守所的狱卒也成为她宣传的对象。

看守中一些人出生贫苦，因生活所迫在南京宪兵司令部里谋个差事，养家糊口。他们对黄励的事迹早有耳闻，被她忠诚坚毅的品格所感染。经常听到黄励和大家讲共产党干革命，就是要让中国人不再受帝国主义的侵略欺侮,就是要让穷人翻身得解放,分土地,过上好日子,狱卒们心中逐渐认同,还悄悄讨论起来。一些胆小怕事的看守,也装作没看见,不上前阻拦。

看守所所长的儿子正在上大学,性格正直,富有批判精神。一次,他到看守所探望所长,小住了几日,和黄励有了接触。黄励主动和他聊天,询问起学校师生们的思想情况,向他宣传共产主义。所长的儿子表示对国土沦丧、国民党政府实行不抵抗政策十分不满,对共产党抱有同情和好感。

儿子思想的变化让看守所所长坐立不安。他找到黄励,对她说:"黄励,你是犯人,这里是看守所,你不要开口国民党卖国投降、贪污腐化、祸国殃民,闭口还是蒋介石这不好那不对。共产党把你迷住了!你年轻能干,又一肚子学问,为什么偏要往死路里钻?!""你只要说不做共党了,就可以释放,包管要什么职位就有什么职位啊……"

"我黄励绝不贪生怕死!"黄励一口回绝,"不要妄想用这些'自由''职位'来说服我,我们共产党人正是为了自由,为了全人类的自由和解放闹革命的!为了这个,我们可以用生命换取,你这些想法都见鬼去吧!"

所长自知根本无法"感化"眼前的女共产党员,但想到自己,还是不能让她再宣传了,便说:"算了,你不听便罢,不过这是监狱,不是你宣传共产主义的地方。"

黄励反驳道:"笑话,共产党员不宣传共产主义宣传什么?!叫我不宣传共产主义,除非我死!"

就这样,黄励带领狱友们用各种方法开展宣传,坚持斗争。终于,看似管理森严的看守所被撕开了一个大口子。张良诚案的发生震动了宪兵司令部。

张良诚是个年轻的所丁,安徽人,自幼失去双亲,青年时流浪南京,被国民党军队抓去当了勤务兵,后来来到看守所。张良诚为人正直,对叛变投敌的人十分鄙视,打心底里佩服那些立场坚定、意志坚强的共产党人。陈赓、罗登贤、黄励、夏之栩等虽是看守所里的政治犯,但都深

得张良诚的敬重。

黄励等人看出张良诚品行不坏,争取过来的可能性很大,便不断找机会与他接触,鼓励他趁年轻及早脱离国民党,寻找其他出路,加入革命的队伍。看出张良诚对自己为国民党做事的经历有所顾虑,黄励便向他解释共产党的政策,告诉他共产党不看重资格,而最注重实际表现,要选择做正确的事。

随着时间推移,受到感化的张良诚愈来愈倾向革命,慢慢加入狱中斗争活动中来。起初,他主要帮助黄励他们给其他政治犯传递消息和信件。

当时,与黄励同号子的狱友黄海明,有一个刚满周岁的女孩。一位余姓女看守很喜欢这个孩子,常常从牢房送饭的门洞里把孩子抱出去,其他看守也去抱。因为孩子很小,看守们并没有防范。

黄励发现了这个机会,便把写好的条子,装在孩子衣兜里,告诉张良诚送给男牢某某人。张良诚便假装抱着孩子到男牢巡逻,男牢的难友就从牢房门洞里把孩子抱进去逗着玩,暗中取走纸条。写下回信后,便用相同的办法送还回来。①

渐渐地,张良诚开始频繁给看守所里的同志们通风报信。在他的帮助下,黄励及时掌握了叛徒的情报,组织狱中人员开展斗争。为了让党组织及时了解这些情报,黄励连续用了几个晚上,偷偷写了一封长信,详细介绍了狱中叛徒的情况,并通过张良诚顺利转交给了党组织,相关人员及时转移,避免了重大损失。

经过此事,黄励对张良诚更加信任,张良诚也受到了鼓舞,坚定了为共产党工作的决心。就在一切顺利进行时,意外发生了。

一次,陈赓托张良诚转交给黄励一张纸条,交接时被黄励同牢的吴小妹看见并告发,张良诚随即遭到逮捕,交由江苏高等法院第三分院审理。法官拟判处张良诚六个月有期徒刑,但军法处主任贺伟峰怕判得太轻,宪兵司令谷正伦会不答应,便与法官李华龙商量,重新拟定

---

① 参见黄海明回忆黄励狱中斗争有关材料,存于雨花台烈士陵园。

了五年徒刑。

没想到的是,当案子送到谷正伦处审批时,谷正伦勃然大怒,拍着桌子叫嚷道:"我的司令部里竟然出了为共产党办事的人,这还了得,为了杀一儆百,将张良诚处以死刑。"在谷正伦的授意下,法院最终判处张良诚死刑。①

张良诚案极大地震动了敌人,他们发现非但狱中的大批共产党员没有叛变,反而自己人却接连被"赤化"。司令部上层对黄励发动宣传、争取人心的能力愈发忌惮,认为她是这一事件的"罪魁祸首",感到若不除掉黄励,针对其他犯人的劝降便难以奏效。

红骨埋在雨花台

疾风知劲草,烈火见真金。黄励深知自己的处境越来越危险。但即便面对死亡的威胁,黄励仍然一如往常地从容笃定,斗志昂扬。

朝夕相处的狱友们也感到了危险的步步逼近,大家都为黄励的处境感到担忧,一有机会见面,总要关切地问:"黄励,怎么样了?"每当这时候,她总会洒脱淡然地说:"大概快了,快到雨花台了!"②

不出意料,在张良诚案发生后不久,气急败坏的国民党中央党部终于作出决定——处决黄励。

面对即将来临的牺牲,黄励没有流露出半点胆怯。临刑前夜,狱友们为黄励送行,大伙儿以水代酒,一肚子的话想说,可到了嘴边又被哽咽回去,牢房里弥漫着悲痛和不舍的情绪。黄励看出了大家的心情,主动提议"为革命的胜利干杯"。一时间,激昂驱赶了悲伤,大家端起碗,异口同声说道:"为了胜利!",语气低沉且坚毅。

① 关于张良诚案的情况参见夏之栩《张良诚烈士牺牲经过》,《南京党史资料》第九辑,第32—33页,1985年印行;《访问叶护生同志谈话(关于黄励同志情况)》,存于雨花台烈士陵园;罗庆新《黄励烈士》,《中共党史人物传》第35卷,陕西人民出版社,1987。

② 程子健:《黄丽烈士材料》,存于雨花台烈士陵园。

对黄励来说,28年的人生虽然短暂,但犹如绚烂的烟火,迸发出对革命事业的无限热情。唯一让她感到遗憾和牵挂的,是母亲和姐姐,还有同在狱中顽强抗争的丈夫杨放之。

就在这天晚上,黄励将自己的一缕头发,交给狱友钱瑛,对她说:"头发受之父母,我剪下一缕,请你出狱后交给老杨。他这时也正在牢里,受着敌人的折磨,他也在斗争……"殷殷牵挂、万绪离愁,都寄托在这一缕青丝里。

1933年7月5日凌晨,监狱的寂静被狱卒的传唤声打破。狱友们知道,与黄励最终道别的时刻到了。

狱卒走进牢房试图把黄励拖拽出去,大家立刻堵住了上去。狱友为黄励换好事先准备的衣服,帮她整理蓬乱的头发。黄励看着狱友们,叮嘱大家:"我们最后一定会胜利的!不要为我难过,保重身体,将来为党工作。"当她走出牢房时,难友们痛哭流涕,有人还高呼"黄大姐!"黄励边走边高声说:"我去了,同志们不要哭,要坚持革命到底!"①

当黄励神情自若地走出牢房时,狱友们齐声高唱《国际歌》,高呼着"打倒国民党!""共产党万岁!"歌声和口号在寂静的牢狱中回荡。

黄励就义前高呼口号(油画)

---

① 郁正维:《烈士黄励在狱中表现的片段》,存于雨花台烈士陵园。

从监狱到刑场,一路上黄励始终镇定从容,把囚车变成了宣扬革命真理的宣传车。她对负责押解的国民党士兵们说:"你们都是穷苦人,国民党杀害共产党人,就是不让中国的穷苦人翻身。你们杀了很多共产党、革命者,能杀得完吗?越杀革命者越多,你们应该好好想一想。"①

到了雨花台,面对着敌人的枪口,黄励毫无惧色,正气凛然的目光让行刑的士兵不敢正视,断断续续开了几枪才完成行刑。②

黄励倒下了,她的生命永远定格在28岁。

黄励像

"雨花台,雨花台,红骨都在那里埋。"这是革命者在女牢墙壁上刻下的话语③,也成为黄励为了心中主义甘当殉道者的真实写照。

1933年7月26日,在黄励牺牲20多天后,张良诚也惨遭秘密杀害。临刑前,这位曾经的国民党士兵像一名共产党员一样高喊:"打倒谷正伦!""打倒蒋介石!""中国共产党万岁!"

信仰之火一经点燃,便永不熄灭!

---

① 闻慧斌:《雨花台著名女烈士黄励狱中斗争记》,《世纪风采》2014年第7期。
② 《访问叶护生同志谈话(关于黄励同志情况)》,存于雨花台烈士陵园。
③ 参见原国民政府南京宪兵司令部军法课书记官廖逸农供词,存于雨花台烈士陵园。

主要参考文献

1. 中共中央党史研究室编.中国共产党历史.第一卷.中共党史出版社,2011
2. 中国中共党史人物研究会编.中共党史人物传.第35卷.陕西人民出版社,1987
3. 中共中央党史研究室科研管理部编.中国共产党革命英烈大典(湖南省).红旗出版社,2001
4. 中国人民政治协商会议全国委员会文史资料研究委员会编.革命史资料(3).文史资料出版社,1981
5. 中共江苏省委党史工作办公室.中共江苏地方史第一卷(1921—1949).上册.江苏人民出版社,2012
6. 中华全国妇女联合会编.中华女英烈.文物出版社,1988
7. 罗庆新.黄励烈士//中共南京市委党史编写领导小组办公室,南京市档案局编.南京党史资料.第八辑,1984

8. 中共江苏省委党史工作委员会,江苏省民政厅编.江苏革命烈士传选编.中共党史出版社,1990

9.《益阳红色基因文库》编纂委员会,中共益阳市委党史研究室编.中国共产党益阳历史人物.中国文史出版社,2021

10. 益阳县地方志编纂委员会编.益阳县志.湖南人民出版社,1999

11. 孙耀文.风雨五载:莫斯科中山大学始末.中央编译出版社,1996

12. 盛岳.现代稀见史料书系·莫斯科中山大学和中国革命.东方出版社,2004

13. 乌兰夫革命史料编研室编.乌兰夫回忆录.中共党史资料出版社,1989

14. 伍修权.我的历程(1908—1949).解放军出版社,1984

15. 彭军荣.红场记忆:中共早期留苏档案解密.中国文史出版社,2015

16. 杨放之.回忆莫斯科中山大学的有关情况.南京雨花台烈士陵园

17. 钱瑛.模范布尔什维克的黄励同志.南京雨花台烈士陵园

18. 杨放之同志谈黄励烈士为什么具有反抗性和树立共产主义人生观的问题.南京雨花台烈士陵园

19.《申报》1933年4月28日

20.《申报》1933年5月1日

21. 刘晓东.血洒雨花台的巾帼英豪:记江苏省委第一位女组织部长黄励//中共江苏省委先进性教育活动办公室,中共江苏省委党史工作办公室编.飘扬的旗帜:江苏优秀共产党人风采录.中央文献出版社,2005

22. 杨放之.血染雨花花更红:记黄励烈士//益阳市民政局,中共益阳市委党史办编.碧血枫林.中国文史出版社,1991

23. 冯资荣,何培香编著.邓中夏年谱.中国文史出版社,2014

24. 邓中夏全集(下).人民出版社,2014

25. 曾岚.革命故事 战斗的一生:回忆应修人烈士.浙江人民出版社,1959

26. 杨放之,黄静汶.光照千秋:记黄励烈士//上海市妇女联合会妇运史资料组.上海女英烈,1983

27. 黄静汶.党的好女儿:纪念黄励同志英勇就义25周年.《中国工人》1958年第12期

28. 黄静汶.我所知道的赤色革命互济会.《武汉文史资料》2011年第9期

29. 中国革命互济会总章程.《纪念与研究》1981年

30. 闻慧斌.女烈士黄励狱中策反看守张良诚.《湘潮》2017年第2期

31. 钱江,杨放之.晋冀鲁豫《人民日报》总编辑.《党史博览》2008年第12期

32. 李小苏.共产党员就是要宣传共产主义.《上海党史研究》1996年第5期

33. 黄静汶,关山.烈士的精神在召唤(纪念黄励烈士英勇就义四十七周年).《新华日报》1980年7月4日

34. 杨放之,黄静汶.怀念黄励.《人民日报》1981年7月4日

35. 帅孟奇.雨花石唤起的回忆.《汉寿文史资料》1985年第1辑

郭纲琳传

引 子

郭纲琳出生于古县城句容的名门大户之家，家境优越富足。但是，为了实现挽危亡救斯民的初心，她毅然放弃了个人的安逸闲适，满腔热忱地投身抗日救亡的时代洪流，接续奔赴学运和工运等革命斗争的第一线。因叛徒出卖被捕后，郭纲琳乐观豪迈、英勇顽强地坚持狱中斗争长达三年半。年轻的郭纲琳本有很多活下去的机会，只需稍稍圆融通达，识时务一点，以她的灵性与禀赋，借助家里的财富和人脉，选择在大节不亏的前提下暂且低低头，以后再另谋留学深造等出路，也是有可能成就一番事业，实现另一种人生价值的。然而，面对各种利诱软化、威逼侮辱和严刑拷打，郭纲琳心如磐石，刚烈坚贞，始终"不愿造一点点罪恶"在自己的生命中，最后谈笑自若，慷慨赴死！

第一章
名门大户的骄子

钟灵毓秀名门弄瓦

郭纲琳的家乡句容隶属于镇江市。镇江是国家级历史文化名城。3000多年前,这里就成为封侯的领地,2000多年前的秦汉在这里建县,中华文明的重要组成部分吴文化在这里发祥。东汉末年,孙权从苏州迁到镇江建都,定名京城,不久又西迁南京,镇江改称京口。镇江不仅是"甘露寺刘备招亲""白娘子水漫金山"等传说的发源地,也是《文心雕龙》《昭明文选》《梦溪笔谈》等巨著的诞生地。千百年来,历代名流大家李白、白居易、苏轼、陆游、文天祥等纷至沓来,挥毫泼墨,放歌题咏。"何处望神州,满眼风光北固楼""洛阳亲友如相问,一片冰心在玉壶"……这些名篇佳句,千百年来一直为人们传诵。

第一章 名门大户的骄子

句容宝华山

句容,是毗邻南京的一座古县城,亦是历史文化悠久,名胜古迹众多。句容于西汉元朔元年(公元前128年)置县,迄今已有2000余年的历史,是江苏省最早建县的13个文明古县之一。20世纪20年代初的句容县城并不大。城中间,一条贯穿南北的小街与一条东西走向的马路相交会的十字路口,就是被称为鲜鱼巷口的县城最繁华最热闹之处。

"泰和生"布店就坐落在鲜鱼巷口,它是句容城里的老字号布店之一,十里八乡的百姓都知道它的大名。一者,讲究诚信,货真价实,老少无欺;二者,品种丰富,除布匹外,京广百货,应有尽有;三者,服务周到,无论大师傅小伙计,对待每位顾客,都是笑脸迎送,服务周到;四者,市口好,店堂三面临街,亮堂舒适。故"泰和生"每天顾客盈门,生意红火。

而"泰和生"的掌门人郭培中(郭业庸),就是郭纲琳的祖父。

在距离"泰和生"布店不远的西门大街7号,郭府坐北朝南,共有七进住房。前两进是平房,接着一进是大厅和书房,再后一进是三间平房,最后两进是砖木结构的两层楼房,上下六间,加上厢房。住房后面有两个大花园,两个小花园。一年四季都有花香,几棵高耸的梧桐树点缀其间。大小院里都有一口井,水质清纯,长年不枯。

郭培中于太平天国运动后出生在一个贫苦的家庭。兄弟三人,郭培中排行老三。他从小就当学徒,学做布店生意,吃苦耐劳,做事用心,虽没有读过书,不识字,但明事识理。满师后,他就独自经营,开设"泰和生"布店,兼营百货,生意渐渐兴隆起来。后在城郊买了近百亩的土地,又在天王镇开设了"祥和"分号,很快成为句容县城里的大户。句容城成立商会时,郭培中是会长的不二人选。

郭培中在 25 岁时迎娶南门徐氏为妻,共育有八男二女。长子定森少年时就被送入句容华阳书院读书,曾考上秀才,后进入京师大学堂(北京大学前身),并考取晚清首批官费留学生,东渡日本,在早稻田大学攻读法科。二子定棠、三子定杰、四子定桢均随父学做生意,并先后独自创业,事业有成。五子定保考入京师大学堂,攻习法学,毕业后在北平挂牌做律师。六子定荣考入北京大学经济系,后曾任天津大学经济系教授。七子定林毕业于上海大夏大学(华东师范大学前身),第一次国共合作时期曾在武汉政府任职,后返乡从事教育工作。八子定相毕业于北洋大学(天津大学前身),惜因长期患肺结核,未婚而亡。培中老人的两个女儿也都进入了师范学校读书。

郭培中擅长经营之外,还乐于助人、仗义执言,热心乡里乡外的公益事业,这为自己赢得了众口赞誉,客观上也带动了"泰和生"生意的拓展。郭培中交游广阔,与当时的名士马相伯、康有为等均有交往,尤其与同为镇江人的马相伯交往甚密。郭培中与康有为则相识于茅山,俩人一见如故,引为知己。郭府大厅中堂两侧挂有楹联,上联"青山宜独往",下联"白云无尽期",大厅上端房梁上有一巨大横匾,红底烫金的四个大字"乡型典范",都是康有为先生所书所赠。郭培中夫人六十寿辰,康有为还曾为之题写"福寿双全"的条幅,轰动了句容县城。

1910 年 2 月 11 日(清宣统二年正月初二),郭纲琳就出生在这样一个有头有脸、声望甚隆的大户人家。

人小胆大扶弱助困

郭纲琳是培中老人二儿子定棠之女。郭定棠18岁就独自经营管理天王寺的"祥和"分号,常住天王镇。郭定棠有两子两女:纲伦是长子、纲信是次子、纲琳是三女、纲华是四女。在叔伯姐妹中,郭纲琳排行第四,故郭府的人都叫她四姑娘、四丫头。

在这个大家庭里,祖父母对活泼聪颖的郭纲琳爱护备至。父亲有点重男轻女,希望纲琳能念好三纲五常,养成文静贤淑的样,看见郭纲琳总和小伙伴嬉闹玩耍就不大高兴。但因不常在身边,也就难以管束。母亲张氏爱玩麻将,很少在女儿身上用心。所以少年时代的郭纲琳,生活得比较自由,无所拘束,渐渐养成了活泼开朗、热情豪爽的个性。

此外,七叔郭定林对郭纲琳影响很大。郭定林在外读书,曾参加过大革命,虽然后来消沉,但当时却

郭纲琳(二排右一)幼年时与堂兄妹的合影

具有反帝反封建的新思想,郭纲琳最愿意亲近他。六叔郭定荣早年离家,就读北京大学,参加过五四运动,对郭纲琳也颇有影响。

当然,无须讳言,纲琳的家族也具有浓厚的封建色彩。

纲琳的父亲说过,把孩子们放在祖父母身边,不能成才也可成人。纲琳5岁起就被送进西门大街7号的老宅子中,跟随祖父母生活。在这个老宅子,一向讲仪式重规矩。中秋有中秋的仪式,春节有春节的规矩,清明是清明的要求,端午是端午的格式。好在祖父母对活泼聪颖的

纲琳的管教还是宽严相济的。放学后，一家人坐到饭桌上吃饭，纲琳喜欢把学校里的感兴趣的所见所闻叽叽喳喳地告诉大家。若是父亲从天王寺那边回来正巧也在桌上，就会放下手中的筷子冷下脸教训纲琳："食不言寝不语！"而这时爷爷总会笑眯眯地说："四丫头，接着说，学校有什么新鲜的事儿，都说给我们听听！"

正直、善良、热情、勇敢、胆子大，这些正能量的细胞，随着年龄的增加，在郭纲琳身上日渐增多。在她生长的地方，至今还流传着她小时候的一些故事。

"胆大倔强，富有反抗精神。"这是小学老师给12岁纲琳下的评语。

20世纪初的县立小学，有优秀的师范毕业生，也有自己才小学毕业的年轻教师。一次，老师上课时在黑板上写板书，才写完转过身来，四年级的小纲琳就举起手来报告："老师，您那个'拆'字，少写了一点，又写成了'木'字旁，变成分析的'析'了！"还有一次，小纲琳到庙里玩，竟调皮地爬到在孩子们眼中极其高大威严的"金刚"塑像上打"金刚"的嘴巴，边打边说："泥巴做的，怕什么！"

街坊中有两个男孩子常欺侮、打骂邻家的女孩子，但只要听到郭纲琳一声呼喝，会吓得掉头就跑。

小纲琳除了胆子大，还特别怜贫恤苦，乐于扶弱助困。她对家中佣人态度友善，从不要他们盛饭、洗衣，还经常分送礼品给他们。几乎每一年小纲琳都要家里给她做一件新大衣，然后私下偷偷把多余的大衣送给清寒的同学或亲友。父亲知道后骂她是"败家子"，她满不在乎地说："店里有的是，送件大衣算什么。"

小纲琳为其八叔出谋划策、逃避包办婚姻的故事更是生动的一例。

那年入夏不久，郭府张灯结彩，喜气洋洋，八少爷定相就要结婚。按照旧传统，婚姻大事，理应秉承"父母之命，媒妁之言"。定相刚进弱冠之年（即20岁），郭培中夫妇就为这个"老巴子"定下了这房媳妇。新娘是句容南乡汤巷人，其父也是一方有声望的乡绅，家底殷实。其长女杨氏是郭府五公子定保的媳妇，两家早已是亲家。次女再配给八公子定相，两家就是亲上加亲，在郭培中夫妇眼里，岂不是郭府的大喜事？

可是,八少爷定相乐不起来。这时已进入民国多年,他与哥哥姐姐所处的时代不同了呀。他在上海、广州进过学校,受新时代的文化教育和洗礼,主张婚姻自由和自主。他都没有和新娘谋过面,美丑固然不知,又听说新娘和其长姐一样,都没有上过一天学,遵循"女子无才便是德"说教过闺中小姐的日子。没有一点相知,谈何一生相守?婚期日益临近了,八少爷终日焦躁不安,愁眉不展。一日,唉声叹气的他碰上还是小学生的纲琳。于是,聪慧热心的小纲琳帮八叔定下了逃婚的主意,还详细策划了实施的步骤。

待到大喜的日子,一切都按当时的风俗习惯进行。花轿停在大门外。管家兼司仪吩咐,请八少爷换上新郎服装,到大厅拜天地、拜高堂。此时众人才发现八少爷不在自己房里。原来八少爷天蒙蒙亮就已走了,并差伙计交给老太爷一封信,详呈自己不能遵命完婚之理,并请杨小姐进学堂读书云云。

无独有偶,待到年岁少长,郭纲琳又干了一件反抗封建包办婚姻的漂亮事情。

郭纲琳(左)着男装与其二嫂的合影

纲琳的二哥纲信长相丑,又有残疾。在父母操办下,迎娶了年轻貌美的戴国琴为妻。国琴对这婚姻十分不满,始终没有圆房。纲琳对此很同情理解,虽称她为二嫂,实际上视为亲妹,并教她读书识字,给她讲男女平等的新思想新观念。有一次,家里请摄影师来照相,纲琳特地借了一套男装和一套女装。她头戴礼帽,身穿男大衣,脚蹬长筒皮靴,依偎在身着女装的戴国琴旁边,一起合影。

后来,在上海读书的纲琳听说家中要让不到18岁的戴国琴与二哥"圆房",就心急火燎地回到家里,巧用心计,瞒过家人,将戴国琴带离郭府,使其从这桩封建包办的婚姻中解脱。两星期后,从上海发来的一封挂号信进了郭府,是纲琳的亲笔,大意是国琴已在纱厂工作,能自食其力,并已登报申明,解除婚约,请父母亲大人恕罪。随信还附了登着启事的上海《申报》。见此情状,纲琳的父母又气又恼。一向宠爱纲琳的郭老爷子要过纲琳的信,左看右看,嚷了句:"我这孙女儿是要做新时代的新女性啊!"

勤学善思敢做敢当

句容南乡有一奇山名浮山,矗立在天王镇南面约5公里处,是属于茅山山脉的一个低山,方圆面积达20多公里。数百万年前因火山运动,山石形成了高密度的玄武岩结构,熔浆团则演化成质地坚密带蜂窝状的卵石块,当地人称为麻石。山顶上自然天成的巨型卵石群,奇特而壮美,令人叹为观止。因在早晨和傍晚由北向南看低处,烟雾缭绕,若悬于空中,又像漂浮在水面上的船只一样,所以称之为浮山。

春游和同学老师们一起爬浮山,是令小纲琳极开心的事。

浮山南麓有一山洞,名朝阳洞。洞外废墟中散落有新石器时代的石器与残陶片,也有碎砖断瓦的古建筑遗存。《乾隆句容县志》载:"朝阳洞在浮山脊南,里人张隐兄弟常栖息其内。深入数丈,有泉甚冽。"可知这里曾是隐士们修炼仙法的理想场所。明万历年间进士,做过太仆寺正卿退休归乡的杨公翰,游浮山时曾题诗曰:

宦海归来两鬓霜,浮山风光未荒凉,
春风自爱朝阳洞,懒向仙翁觅禁方。

"老师,老师,这里可是住过仙人呢!"班上一个男生望着山洞兴奋地说。"还是学知识的人呢,这个世上哪有什么神仙!"没等老师回答,纲琳已响亮地反驳。

茅山

有一次,纲琳带小姐妹到南门外去玩,在池塘边的一座小石桥上,纲琳叫大家低头向下看,只见水里有一个长长的宝塔影子。纲琳给大家讲了这么一个故事:"很早很早以前,大宝塔的影子把句容城遮挡了几乎一半,人们整天生活在阴暗里,唉声叹气,身体也渐渐虚弱了。有一位张姓的道士,目睹这种情况,就用神力把宝塔影子搬到了南门外。句容的百姓都感激这个为他们赢得光明的好人,他却不等酬谢就独自去远方云游了,连真实姓名也没有留下。"小姐妹们一个个听得入了神,禁不住天真地问道:"这个道士真好,为什么现在不来了?"纲琳告诉她们说:"其实啊,这世界上根本没有神和仙,这个故事只是告诉我们,做人要做正直的人,要多为别人做好事。"

暑假开始了,郭府的一群孩子总喜欢在大厅里围着并不是年龄最大的纲琳,听她讲故事。纲琳平时勤于阅读,读过《山海经》《搜神记》等很多书。肚子里有东西了,讲起故事来自然就娓娓动听。纲琳给伙伴们讲过的故事有"夸父逐日""大禹治水""女娲补天""精卫填海""羿射十日""嫦娥奔月""义犬救主""牛郎织女""木兰从军"等。

纲琳平日里还常鼓励姐妹们不要在乎世俗眼光和冷嘲热讽,要敢于向封建落后的旧风俗老规矩挑战,做新时代的新女性。她自己不缠

郭纲琳(右)1924年小学毕业时与堂姐的合影

足,还向亲友们宣传缠足的害处,甚至动员本来已经缠足的姐妹放了足。在她领头下,郭府姑娘们的衣着打扮、发型跟随新的时尚风气而变化、突破,在学校、在小小的句容县城,每每引起轰动。

当时,学校里有组织演文明戏①。郭纲琳身材高挑,说话声音响亮,走起路来也毫不扭捏,很有一种男孩子的气质,故而常由她扮演男主角。有一次演完戏以后,她干脆连衣服也不换,穿着男装大模大样地回家来了。一路上,有人在背后指指戳戳:"现在风气坏了,男女也不分了!没有教养!"大大咧咧的郭纲琳自然不把这些嘲讽和责骂放在心上,还特意穿着这身男装,为姐妹们大大方方表演了一段《亲家母》,小姐妹们开心地围着她,一面拍手,一面大声喝彩。

1924年,郭纲琳14岁,从句容县立女子小学,即节孝祠小学毕业。

戏里戏外宣扬进步

有赖于富庶的家底和老宅子中相对开明的爷爷奶奶,郭家的女孩子们都得着了读书的机会。在七叔郭定林的支持下,郭纲琳和堂姐郭纲瑛同时考入了无锡竞志女子中学。纲琳喜欢竞志女子中学,也很适应住校的集体生活,还很钦仰学贯中西的侯鸿鉴校长。在这样一所学校,对于在小学就已接触到自由民主思想,成长在开明宽松的郭府大

---

① 中国早期话剧,20世纪初曾在上海一带流行。演出时无正式剧本,可即兴发挥。

院的小纲琳来说,本该能铺展出一篇新的美好天地,然而不久,因浙奉战争爆发,无锡竞志女子中学停办,纲琳和纲瑛只好回到家乡,在家补习英语。

1926年9月,句容创办了县立初级中学,郭纲琳成为该校第一批学生。郭府的几位高小毕业的女孩子也都陆续考入了该校。

1927年3月的一天,北伐军第十七军路过句容,县城热闹非凡。《国民革命歌》回响在句容上空,回荡在江南大地:"打倒列强,打倒列强,除军阀!除军阀!努力国民革命,努力国民革命,齐奋斗!齐奋斗!工农学兵,工农学兵,大联合!大联合!打倒帝国主义,打倒帝国主义,齐奋斗!齐奋斗!打倒列强,打倒列强,除军阀!除军阀!国民革命成功,国民革命成功,齐欢唱!齐欢唱!"句容城的男女学生在老师的带领和指挥下走上街头,呼喊起整齐的口号,挥舞着多彩的小旗子,迎送经过的北伐军。郭纲琳也挺起胸膛大胆地走在队伍的前头。在北伐军到来的第二天傍晚,郭纲琳兴致勃勃地跑回家,悄悄地召集家中姐妹,跟大家讲剪辫子、反束胸、反缠足和反穿耳环的意义。郭纲琳还拿起剪刀先把自己的辫子剪掉了:"来,革掉这条辫子的命,你们敢不敢?"家中姐妹们都很惊异,但是因为郭纲琳威信很高,大家也就听了她的话,五六个姐妹一起剪掉了辫子。正在这时,大厅上喊开饭了,姐妹们都紧张起来,谁都不敢出去,有一个竟急得要哭出声来了。郭纲琳不慌不忙地说:"不要紧,你们跟在我后面走!"到了饭厅,祖父发现这些丫头都没有了辫子,很生气,沉下脸"哼"了一声说:"男不男,女不女,成何体统。"说着,脸又朝着郭纲琳说:"这准是四丫头的主意。"这时姐妹们一动也不敢动,只低着头吃饭。郭纲琳则调皮地朝爷爷笑,又夹起一块红烧肉朝爷爷碟子里一放!爷爷又好气又好笑地看了她一眼,就没说什么了。

当时,北伐军的一个团,进城暂时驻扎在孔夫子庙、城隍庙和火神庙。一位名叫上官芬的北伐军政治指导员还以国民党名义接管了句容"县政",并发动了"反土豪"的斗争。

句容商界、学界闻讯遂展开了慰军行动。商界和学界一拍即合,组织晚会,既劳军又庆贺学生毕业。

第二天晚上演出就在城隍庙前的简易舞台上进行。舞台正面悬挂横幅"句容县欢迎革命军演出大会"。商界推出的是京剧《苏三起解》《武家坡》《打渔杀家》《乌龙院》；学界则演出文明戏《孔雀东南飞》。

因北伐军的官兵中也不乏对旧式包办婚姻不满者，故《孔雀东南飞》演到感人处，他们情不自禁地领头高呼，演出获得很大成功。郭纲琳女扮男装饰演的书生焦仲卿由怯懦、唯母命是从变为敢于抗命，坚决与兰芝"结发同枕席，黄泉共为友"，尤为动人。这场演出，使纲琳再次成了学校乃至整个县城的风云人物。人们普遍评价："郭府四小姐女扮男装演文明戏，胆子真大，而且扮相俊美，做派有模有样，真是多才多艺！"

郭常谦在回忆姑母郭纲琳的一篇文章里提到，纲琳那时表演过的文明戏有《亲家母》《麻雀与小孩》《炸弹》等。这些或凄美柔婉，或慷慨悲壮、决绝凛然的爱的故事，感召、激励着那个时代人们生命力的勃发和思想的解放。

第二章
良师引领革命路

得遇良师学生有幸

第一所县立初中的开办,令有着尊师重教传统的小城人家都很高兴。句容县立初级中学在县城北门附近,离城墙很近。学校为一排老式平房,过去是县衙的教育机构驻地。县立初级中学的黄校长也是句容的名士,他不负众望,聘请了不少好老师,他们毕业于京师大学堂、北京大学、金陵三江师范学堂等名校,分别教授国文、数学、物理、化学、外语、体育等。

这时,大革命的浪潮正在兴起。句容县中因聚集起一批忧国忧民、思想进步的教师,一时有句容县"革命策源地""革命青年的大本营"之誉。当时句容的共产党组织在注重发动工人运动的同时,也在中小学教师中积极开展工作，这使得句容县中的爱国主义氛围更为浓烈。校园里，要好的同学经常聚在一起谈论时局，郭纲琳听得颇为入神，而从北京来的一位教国文的青年老师李少仙，则成为郭纲琳走上革命道路的引路人。

李少仙（李佩先、李逸文）老师北大毕业，好学深思，善撰文，常在《语丝》《新潮》《朝花》等国内知名刊物上发表文章。由于思想"激进"，李少仙曾被北洋政府奉系张作霖通缉，逃到南方，经人推荐，来到句容县中任教。

李少仙老师喜欢介绍学生阅读《史记》中的一些篇章，如《屈原列传》。唐代诗歌，更是他津津乐道的。他要求学生背诵杜甫的"三吏三别"，李白的《蜀道难》《将进酒》等等。李老师还经常在课堂上滔滔不绝地讲自己在北平求学的所见所闻，如陈独秀、李守常、胡适之等先生的演讲以及他们之间的笔墨论战。李老师将这些宝贵的知识和道理，一点点循序渐进地教授给郭纲琳等学生。

得遇良师，自然是学生们的幸运。纲琳不仅爱听李老师的国文课，课下还经常向李老师请教。李老师也向纲琳介绍了鲁迅的《阿Q正传》、高尔基的《母亲》等作品。李老师介绍的这些优秀作品，纲琳都很认真地阅读，并逐渐接受了这些作品中的思想。受李老师的影响，纲琳渐渐喜欢上阅读中外小说，通过阅读中外名篇，纲琳拓宽了知识面，也开阔了视野和心胸。法国大仲马的《基督山伯爵》是纲琳很喜欢读的作品。此外，郭纲琳还废寝忘食地阅读《新潮》《新青年》及其他进步书刊。

北伐节节胜利的消息让郭纲琳心情欢畅，先进书刊的思想启迪和教育，让郭纲琳开始懂得了反帝、反封建的革命道理。

李少仙在北平求学期间参加过一些社团活动。他深信，要改变中国落后、腐败、愚昧的状况，结束封建统治，关键在于要像孙中山说的"唤起民众"。因此，他启发并指导郭纲琳等积极追求进步的学生组织起前进读书会，每半个月聚会一次，讨论和交流读书的心得体会。他和教历史的徐少白老师担任这个读书会的指导老师，郭纲琳则担任了读书会的主持人。

在李、徐两位老师的指导下，郭纲琳认真地起草了读书会的章程。

读书会的同学们不光阅读优秀文艺作品，还广泛搜集一些政治、历史、哲学、社会科学之类的书籍，并努力尝试着从中寻找破解社会问题、症结的办法。为了避免不必要的麻烦，读书会活动地点大都安排在郭纲琳的家里，但有时也会到公园的亭子里、小巷深处的茶社中。

往奋斗的道路上走

正在郭纲琳热衷探索、宣传革命思想的时候，传来了大革命失败的消息。

1927年4月12日，蒋介石在上海发动政变，收缴工人纠察队的武器，疯狂捕杀工人和共产党员。到4月15日，上海工人300多人被杀，500多人被捕，5000多人失踪。这就是震惊中外的四一二反革命政变。在此前后，广东、江苏、浙江等省相继发生反革命大屠杀。此后，白色恐怖笼罩全国，也笼罩了句容县城。上官芬躲到上海去了，由骆继纲、巫宝山组成了国民党句容县临时县党部。省里还派来了亲蒋派人物当县长，逃跑的土豪劣绅一个接一个回来了……

句容县中的政治气氛也顿时沉闷起来，前进读书会不得不终止活动。这时候，李少仙老师觉察到郭纲琳因政治气候的骤变而郁郁寡欢。他找来郭纲琳等进步学生，一遍遍地给他们讲革命道理，讲李大钊等人的革命活动和奋斗精神，介绍俄国的革命情况，语重心长地反复叮咛："不可消极，不可泄气，更不可动摇，一定要往奋斗的道路上走！"这使郭纲琳重新看到了希望，看到了方向，精神振作起来。

当时，郭纲琳特别愿意上李少仙的国文课，喜欢听他讲鲁迅的《呐喊》、邹容的《革命军》。鲁迅的思想深刻影响了郭纲琳，进一步加深了她反帝反封建的思想意识。邹容的《革命军》也给了她强大的振奋力量。

课余，李少仙老师还特意单独找郭纲琳谈心，悉心点拨她如何对待人生，如何认识和反抗封建礼教。在李老师进步思想的熏陶下，郭纲琳越来越感受到了封建大家庭腐朽、堕落的一面。她憎恨那种花天酒地挥金如土的寄生生活,鄙视家养娇妻又偷鸡摸狗的丑恶行径,还为八婶杨家庆的死而悲愤不已。当初杨家庆由父母包办婚姻到郭家,自己还曾帮助八叔抗婚出走,可叹八叔不久病逝于天津。年轻的八婶虽有志读书求自立,但身为寡妇弱女,终因不堪克夫之讥,在南京燕子矶投江自杀。

大革命失败后,黄校长离开了学校,句容县中校方日趋反动。白话文被禁止了,李少仙老师被怀疑是共产党,师生们的进步活动被视为不轨行为。校方以"整饬风化"为名,公布了许多条文来禁止男女教师和男女同学的接触,实际是为了阻挠进步师生之间的一切交往活动。

为什么?凭什么!为抗议校方的无理决定,郭纲琳和一些同学公开到李老师住处聚会。1928年5月,校方借故解聘了李少仙。郭纲琳和同学们依依不舍地为李老师送行。李老师临行前嘱咐同学们:"社会是黑暗的,人群是麻木的。不要为我难过,一定要振作精神,勇往直前。"

人品、学识俱佳的李老师,会是共产党员吗?纲琳的头脑中闪现出这个问题。

送别了李老师之后,纲琳更加如饥似渴地读书、学习。但是父亲得知的全是女儿在校的种种"越轨"行为,十分恼火,遂频以辍学来要挟,试图使纲琳回归柔顺安分。但从小就十分勇敢独立,且已深受李老师新思想影响的郭纲琳,怎会甘心放弃自己的主意,乖乖听话继续走毫无希望的旧式女子的路呢?加之又正是对外界求知欲最旺盛的年纪,郭纲琳很快就下定决心要抛开父亲大人的紧箍圈,离开家和小城句容,到外面广阔的天地去寻一寻属于自己的奋斗道路。

进入公学迅速成长

1928年暑假,郭纲琳以优异的成绩考入了南京鼓楼五卅公学高中部。

五卅公学坐落于南京鼓楼附近的保泰街。从句容到南京后,郭纲琳对蒋介石统治的恐怖惨状有了直观的感受:五卅公学的校园被禁止谈论政治,街上的行人说话也总是左顾右盼、小心翼翼。好在学校图书馆的书较之于句容县中,从范围到数量均丰富得多,这对于爱书如命的纲琳来说,是极为开心的事。

在五卅公学不长的时间里,郭纲琳阅读了大量的进步书刊。其中那本具有革命倾向和积极浪漫主义精神的《创造》杂志,更是激起了她的革命热忱。郭纲琳甚为喜欢,为之记下了好几本心得笔记。

句容高级中学里的郭纲琳像

1929年春,郭纲琳在七叔郭定林的支持和帮助下,考入上海的中国公学预科(高中部)。

1931年秋,郭纲琳进入中国公学的大学部就读。

在中国近代教育史上,中国公学有其独特的地位。1905年,当时日方要加强对在日中国留学生的管理,遭到中国留学生的强烈反对。陈天华在日本的蹈海自杀,更促成留日学生大批归国。在姚宏业、王敬芳等人积极鼓吹和推动下,留日学生纷纷回国,努力筹划办学事宜。1906年,中国公学在上海举行开校典礼。因有姚宏业为中国公学经费困难而投江自尽,社会各界纷起援助中国公学。作为中国近代史上一所重要的私立大学,中国公学曾有过梁启超接掌时期(梁选择张东荪出任中国公学教务长,主持日常事务)大胆实践"教育救国"理念的热潮激荡,有过舒新城推行"新教育运动"时的自由舒展,有过胡适缔造的黄金时代的辉煌,有过马君武上任后激励学生自强不息、担负救国责任的生气蓬勃。在中国公学的教育史上，还涌现出吴晗、罗尔纲、吴健雄、胡颂平等一大批颇有盛名的学生，他们在各自的领域皆取得了瞩目的成就。

郭纲琳进入中国公学时，中国公学教学当中新开的选修课目很多，可谓兼容并蓄，学术自由，德日派、英美派都有一席之地。讲授资本主义、社会主义、国家主义和无政府主义学说的都有，没有什么顾忌。这在当时的大学里是别开生面的。学校还有不少共产党和共青团组织的秘密活动。而郭纲琳也正是仰慕学校盛名，知晓其进步自由的风气，才报考中国公学的。于是，刚刚21岁的郭纲琳包中揣着向七叔借的《三民主义》《孙中山演讲稿》《共产党宣言》等，踌躇满志地跨进了自己向往的中国公学的校门。与她在中国公学先后同学的著名人士有吴晗（1928年入中国公学，后成为著名的历史学家）、何其芳（与纲琳同年入中国公学，后成为著名散文家、诗人、文艺评论家）等。

中国公学建校时间不长，校园的气氛相当清新活泼。来自全国各地特别是南方的学生，思想活跃，见解多元。尤其是学校图书馆的藏书，较之南京的五卅公学，又不知多出了多少倍。每每站在图书馆的书架前，纲琳都会心生喜悦与憧憬。

然十里洋场的上海滩，是冒险家的乐园，亦是贫苦人的地狱。学校里的学生们身份、家境各异，穷苦的学生时常吃了上顿愁下顿，有钱的学生则隔三岔五地约伙出去下馆子。学校前门有座豪华舞厅，每晚灯红酒绿，而校后门垃圾场上，总有蓬头垢面的妇人、衣衫褴褛的孩子在弯腰翻捡垃圾。这样的现状和反差，纲琳看在眼里，触动在心里。一次，她看到垃圾场里挨饿的姐弟俩在啃脏馒头，连忙跑食堂买了热乎乎的馒头塞给他们。

在这样的环境中，郭纲琳一面勤奋读书，深刻思考，积极探求革命真理，一面反复将所学所悟与社会现实相印证、比较。

1931年初，喜爱文学的郭纲琳加入了中国左翼文学研究会在中国公学的分会。

发轫于20世纪20年代末期的左翼文学思潮是中国现代文学史上

一种独具特色的文学现象,不仅在当时的中国文坛居于主导性地位,也是世界左翼文学的一部分。中国左翼作家联盟,简称"左联",成立于1930年3月2日,主要发起人有鲁迅、沈端先、冯乃超等,是五四以来在中国共产党领导下建立的第一个以马克思主义为指导思想的革命作家组织。

1931年2月7日,柔石、胡也频、殷夫、李伟森、冯铿等五位左翼青年作家被国民党反动派秘密杀害于上海龙华。他们被害后,左联发表了抗议和宣言,指斥反动派的罪行,得到了国内外广大民众和进步力量的同情与支持。鲁迅得知这一噩耗,无比悲愤,当即写下悼念文字,指出左联五烈士以鲜血为中国无产阶级革命文学"写了第一篇文章"。

1931年9月,左联机关刊物——《北斗》创刊。翻开《北斗》创刊号,映入眼帘的是一幅名为《牺牲》的版画和一首主编丁玲写的名为《给我爱的》的诗篇。版画《牺牲》是由鲁迅精心挑选的德国女艺术家珂勒惠支的作品,画中母亲悲哀地献出的孩子,就寓意着不久前牺牲的柔石等左联五烈士。

喜爱左翼文学,加入左翼文学研究会,对于纲琳思想觉悟的提升无疑具有很大帮助。而这一切,都有赖于当初李少仙老师的热忱引导和悉心点拨。郭纲琳不由又深深地怀想起可亲可敬的李老师。

第三章 情系抗日大事业

表现突出入团入党

1931年9月18日深夜,日本关东军按照预定计划,炸毁沈阳北郊柳条湖附近南满铁路的一段路轨,反诬中国军队所为,以此为借口,突然袭击中国军队驻地北大营和沈阳城,是为九一八事变。次日,日军便占领沈阳。以后,又陆续侵占东北三省。

九一八事变,震惊中外。中国民众坚决要求反抗日本侵略。1931年9月21日和24日,上海3.5万名码头工人先后举行反日大罢工,另有10万多学生罢课。

在中国公学,校园的布告栏里张贴的《申报》《新闻报》不断登出时局消息和学生的抗日宣言。郭纲琳或一个人含泪沉痛阅览,或和同学

们一起大声读出,每每都感到痛心疾首、热血澎湃。

很快,一场由共产党领导组织的"反对不抵抗主义,坚决抗日救亡"的活动,在中国公学的爱国学生中有计划有步骤地开始了。爱国学生们为抗日救亡,同校内的国民党反动派展开了激烈的斗争。

由于顶不住当局的压力,中国公学校方一改以往相对宽松温和的态度,竭力阻挠爱国学生的抗日救亡运动,并利用学生会少数人压制学生们的抗日热忱。

为此,热心抗日的爱国学生们碰头商定:必须要改组学生会;学生会成员必须由大家公开推选,不能由校方直接指定。他们更一致认为,国难当头,作为有着光荣革命传统的中国公学的学子们必须团结起来,走到抗日救亡的第一线!这样,在校内共产党的领导下,爱国学生掀起了罢课风潮,很快接管了学生会,后立即召开全体学生大会组建新的学生会,李修竹当选为学生会主席,郭纲琳当选为学生会学生活动部部长。

学生会成立后,第一件事就是由郭纲琳执笔,起草了要求成立中国公学抗日救国会的报告,并由学生会两位大三年级的男同学送到校长办公室。当时还只是大学一年级学生的郭纲琳,在同寝室党团员的帮助、支持下,积极勇敢地进行斗争。为了尽快组织起中国公学的抗日救国会,郭纲琳还带头冲进校长室,当面质问反动的副校长潘公展:"为什么不抗日?为什么不让我们成立抗日救国会?"她又毅然猛敲校钟,集合同学召开大会,并登台演讲,痛斥反动政府将锦绣河山拱手奉送给日本侵略

郭纲琳

者的罪行,号召同学们不要当亡国奴,要坚决抗日,收复河山!她声情并茂、慷慨激昂的演说,震动了在场人们的心弦,激起了操场上师生们一阵阵热烈的掌声。这场演讲后,郭纲琳成了学校里的大名人。许多

老师和高年级的同学都知道了大一年级有一个女生郭纲琳,有胆识有气魄,而且成绩好,长相也好。据她的一些老同学后来回忆说:"当时我们很钦佩她,羡慕她!一个女同学能懂得这么多道理,能够这么坚强!让我们都羞愧自己不够关心国家大事。"

经过郭纲琳和学生会同仁的努力,校方终于同意在校内成立中国公学学生抗日救国会。郭纲琳等进步师生还在学校的走廊上张贴出一条条反对侵略、要求抗日的标语。

这时,校内的反动派黔驴技穷,竟想出了一条下三烂的主意,指使一个反动的浙江青年给郭纲琳写了一封情意绵绵的告白"情书",妄图引诱正值妙龄的郭纲琳堕入温柔乡,从此情长气短,放弃抵抗和斗争。

冰雪聪明的郭纲琳可不上当,立即将这一情况向组织汇报,并在信上题写按语加以公布,揭露反动派无耻、可笑的嘴脸。

经过抗日救亡运动的锻炼,1931年秋,郭纲琳在学校加入了中国共产主义青年团。入团后,郭纲琳在团组织的直接关怀下,更加迅速地成长起来。

九一八事变后,9月25日、11月24日、12月14日郭纲琳连续三次参加了上海学生到南京请愿示威的活动。郭纲琳与各地大学生一起,大声疾呼,要求国民政府改变其"攘外必先安内"的方针,停止内战,出兵抗日。

12月14日,上海学生第三次来到南京,与从广州、天津、北平等地赶来的学生共2万多人,举行了声势浩大的联合总示威。走在最前面的上海学生队伍,以中国公学的女生最引人注目。游行队伍经过外交部、中央党部,直奔国民政府。一路上,郭纲琳戴着深度近视眼镜,领着大家唱起雄壮歌曲,高呼"停止内战,一致抗日!""反对镇压抗日爱国运动!"等口号,嗓子喊哑了也不停息。当示威队伍走到造谣诬蔑爱国学生的中央日报社时,学生们怒不可遏,决意要砸烂中央日报社。郭纲琳冲上前去,和大家一起砸碎了报社的玻璃橱窗。对于学生们的爱国行动,蒋介石竟命令反动警察和军队实行镇压,将很多学生推进了河里,然后再用石头乱砸……面对手持枪棍,恶狠狠地向请愿学生扑过来的警察、宪兵，郭纲琳毫不畏惧，竟赤手空拳上前与之相搏，并拼全力抢救受伤和落水的同学。时值寒冬腊月，北风刺骨，郭纲琳看见一位落水同学冻得浑身发抖，连忙脱下身上的棉旗袍披到那位同学身上。

当晚组织上要郭纲琳立即回沪报告情况，发动更多学生前来支援，她便冒着危险冲出反动军警的包围，躲过多次搜查，到下关搭车返沪，顺利完成任务后又赶回南京投入新的战斗。

夜晚的金陵古城暂归宁静，疲惫的纲琳却思绪万千，无法入睡。几年前在五卅公学读书时的情形又浮现在眼前……鼓楼、大钟亭、夫子庙，还有那一处处的古城墙都还安好吗？想想刚从小城句容出来时，对南京这座六朝古都充满着好奇，一有空就拖着同学到处玩到处逛。那时的自己，是多么无忧无虑，其乐陶陶啊！可现如今，看看身边发生的血淋淋的事实，倏忽打破了一切梦幻，纲琳觉得自己的两个肩膀都变得沉重了。

第二天，国民党派大批警察、步兵和马队，包围了示威学生的住所——中央大学，并把学生们都赶到大操场。国民党军队将领宋希濂骑着高头大马，训斥学生说："你们这样做是违法的，蒋委员长命令你们立即离开南京，回学校去，谁不离开，'格杀勿论'……"他的话音刚落，郭纲琳和一群同学立即涌上去，围住宋希濂，责问："为了中华民族独立生存，反对日本帝国主义侵略，我们来南京，要求政府出兵抗日，收复失地，违什么法？犯什么罪？""日本帝国主义侵略我国东北，杀人放火，奸淫掳掠，政府一声不哼，一枪不发，而对我们爱国学生出动全副武装，'格杀勿论'，你们到底是中国人还是东洋奴才？"问得宋希濂一时哑口无言。宋希濂最后只得指挥每两个荷枪士兵架一个学生，押往下关车站强迫返沪。郭纲琳走在前头，借机向士兵宣传抗日救亡的道理。在她的带动下，被押学生在路上展开了宣传攻势。不少士兵渐渐收起了凶恶的态度，甚至表示同情地说："我们不反对你们的抗日救亡行动。但我们是军人，只好服从命令。"

由于郭纲琳在抗日救亡活动中的表现十分突出，1931年底，学校地下党支部书记蒋仲牟通知她，由共青团员转为共产党员，和她一起转为共产党员的还有蔡大燮。从此,郭纲琳成为一名光荣的共产党员,意气风发地踏上了新征程。

学运工运努力担当

由于蒋介石的不抵抗政策,日寇占领东北后,接着又把侵略魔爪伸向上海。1932年1月28日晚,日军突袭上海闸北,淞沪抗战爆发。

为了支援第十九路军英勇抵抗进犯的日寇,中国共产党发动上海日资工厂的10万工人举行大罢工,坚持了一个月之久;又号召工人、学生组成义勇军,奔赴前线和第十九路军并肩作战,或者担任运输、交通、侦察、救护等工作,有力地支援了第十九路军将士。

一·二八淞沪抗战中被日军炸毁的中国公学

郭纲琳代表中国公学爱国学生参加了中共江苏省委领导的上海学联的工作。当时,中国公学校舍因淞沪战争毁于炮火,很多学生无处安身。郭纲琳满腔热忱,带头奔走在支援抗战的第一线:组织"被难同学会",收容无处安身的学生;带领学生募集寒衣,救济难民;夜以继日地发动群众，组织抗日义勇军；参加战地服务队，支援前线。郭纲琳还多次到苏州河桥头的战地医疗救护站救护受伤士兵，为他们包扎伤口，或护送伤兵到医院接受治疗。有一次，纲琳和另一位女生抬担架到救护站为伤员包扎伤口，她忙完刚刚离去，突然飞来一架日机向地面逃难的无辜平民疯狂扫射，其中有位妇女一手抱着婴儿，一手搀着一个小女孩，惊慌得不知如何躲避。就在这千钧一发的危急时刻，郭纲琳一边大声呼喊"快趴下"，一边奋不顾身地冲上前去，将小女孩紧紧搂在怀里，同那位中年妇女一道扑倒在地，日机呼啸着从她们的头上飞掠而过，射出的子弹落在地面上激起一团团的白烟。①

第十九路军在上海各界民众的全力支援下，英勇抵抗日寇，第五军随之参战。他们以装备简陋的7万之师抗御装备精良的8万之敌达33天之久，迫使日军三易主帅，沉重地打击了日本帝国主义者的嚣张气焰，打破了日军不可战胜的神话。但是，经过一个多月的激烈交锋，第十九路军终因腹背受敌，不得不撤出吴淞和闸北、庙行等阵地。然而，不待抗日将士撤守完，南京国民政府已开始与日本侵略者寻求妥协。1932年5月5日，《淞沪停战协定》在上海签订。按协定规定，中国军队实际上再无权进入苏州—昆山—上海一线以外。这样，中国最大的工商业中心上海，成了不设防的城市。郭纲琳听到这消息，为政府的卑怯气愤不已。

曾和郭纲琳一起工作过的于添卷于1984年7月写了一篇回忆文章《生命虽短促 光彩耀人间——忆郭纲琳烈士的一些光辉事迹》。其中写道："我认识郭纲琳同志是在1932年'一·二八'日寇侵沪战争爆发之后。我们在一起参加过上海大中学联抗日救国会的党团工作，当时这党团是受共青团江苏省委宣传部领导的。郭纲琳同志是代表中国公学来参加上海大中学联的。她当时是团员（后来为党员）。她与东亚体专的团员陈浩如（女，福建厦门人）、大夏大学附中的团员张成修（女，四川达县人，后来变节）等三个女同志在打浦桥附近一个里弄内租

---

① 此段据郭纲琳远房侄女、镇江市考试院退休教师郭琳讲述。

了一个前楼,住在一起,作为团江苏省委领导同志来联络的机关。当时战火纷飞,学生罢课,有许多学校在战区,学生无处投身。大中学联就组织'被难同学会',在沪西海格路福开森路口一个中学收容同学,同时便于党团开展抗日救国的群众运动。纲琳同志和我是在'被难同学会'的工作中认识的……纲琳同志曾和我步行数里,调查同胞受难情况,宣传抗日,于斜土路铁门附近屡屡徘徊,归途倾谈帝国主义的残酷和反动派的卑鄙无耻,深感同志友情的温暖……一次,我同纲琳同志一起参加了示威游行,纲琳带头高呼反日反帝口号。当示威队伍来到法大马路东口时,聚集在法捕房的大批巡捕冲散了游行队伍。纲琳从混乱的人群中冲出来,挽着我的手,我们泰然地沿着法大马路的人行道上走,进入一家较豪华的理发店理发,外面巡捕仍在四处抓人。等我们理好发出来,已是夜色茫茫,万家灯火,马路上恢复了宁静。纲琳年龄比我稍大,参加组织比我早,她已是我党老练的战士。一路上她告诉我许多对敌斗争的方法。"

　　郭纲琳的抗日救亡活动,很快令她在上海当律师的大伯郭定森感到焦虑不安。害怕真惹出什么事端的郭定森遂写信向郭纲琳的父亲告状,说纲琳在上海"很不安分"。郭纲琳的父亲读信后,大为光火,当即写信威胁女儿,言辞未免比平常更激烈生硬些。郭纲琳竟也毫不退让,甚至用红水笔(表示绝交)给父亲写回信说:"我再也耐不住读死书了!"

　　此后,郭纲琳完全失去了家庭经济上的接济,生活只得靠几个朋友的支援。

　　1932年4月,党组织决定调郭纲琳到上海市法南区团委负责妇女工作。郭纲琳深知为了拯救国家危亡,争取民族独立,妇女工作也十分重要,于是愉快地服从党组织安排,放弃了心爱的学业,从此全身心投入革命。

　　为了更好地开展工作,同时解决生活困难,经组织允许,郭纲琳到南市美亚织绸厂担任了小职员,化名刘英。为避免敌人怀疑,她脱掉眼镜冒险进厂。她的眼睛高度近视,工作又繁重艰苦,但她强挺着夜以继

日地干,不久就在厂里组织了左翼文研分会。在上海工厂里建立起文研分会,这还是头一个。会员大多是美亚织绸厂、手套厂、袜厂、纺织厂有一定文化基础也爱读书的进步青年、技术人员。左翼文研分会通过不定期开展阅读,交流阅读进步刊物如《救国半月刊》《生活知识》等的心得体会,来广泛团结、发动和引导群众。其时,办好读书会不是一件容易的事,因为白色恐怖严重进步书籍很难找。在1927年至1937年的10年间,国民党政府查禁有关文学的组织和法规,相对于北洋政府时期要周严繁密得多。据不完全统计,从1929年到1936年的7年间,国民党中央宣传部查禁所谓"普罗文艺"书籍就达到309种,其中包括鲁迅、郭沫若、茅盾、田汉、陈望道、夏衍、柔石、丁玲、胡也频、蒋光慈、周扬、洪灵菲、巴金、冯雪峰、钱杏邨等许多左翼作家的作品。但会员们也神通广大,不知从什么地下渠道这儿偷偷购几本、那儿传抄几本,往往令纲琳喜出望外。于是大家争相传"禁书"、阅"禁书",很是兴奋。

美亚织绸厂建于民国六年(1917),是20世纪上半叶中国规模最大、最具代表性的织绸厂之一。美亚织绸厂工人多数是出身贫苦的女工、童工,厂里没有房子住,工人只得就近寄居。郭纲琳深入女工们的住所,为她们办起了女工夜校,教女工识字,讲革命道理,启发她们思考"为什么这个社会穷的穷、富的富",还揭露国民党借抗日为名进行航空募捐,搜刮民财买飞机,却到江西打红军打共产党的罪恶行径,号召广大妇女为挽救祖国危亡和自身解放而斗争。为改善工人生活,增加工资,她多次组织工人罢工,还亲自带领女工夜晚到大街上书写标语,到电车上撒传单,工作开展得很有成效。她在斗争中发展团员20多名,建立了团支部,形成了核心。而且,这些活动还扩展到手套厂、袜厂、纱厂。

郭纲琳在开展工厂工作的同时,还常到泉樟中学、上海美术专科学校、中国中学等校发动学生,开展救亡活动,建立了团组织。她又到上海环龙路社联举办的社会科学讲习班上活动,用马克思主义理论启发工人、学生的觉悟,武装他们的头脑。在讲习班上,她给一些工人讲了量变到质变、理论联系实际等哲学道理,引导他们走上革命的道路。

她还编写新歌词,秘密教进步工人唱歌,如:

> 共产党创造新世界,
> 领导工农兵,
> 努力干革命。
> 杀地主、除豪绅,
> 贫农土地分。
> 打倒资本家,
> 实行八时制。
> 推翻国民党,
> 军阀铲除尽。
> 大家齐心共努力,
> 共产主义社会兴。

郭纲琳在实际斗争中积累了丰富的斗争经验,很快成熟起来。她废寝忘食地工作着、战斗着、学习着,常常白天劳累了一天,晚上还躲在被子里,用手电筒照着,学习党的文件至深夜。生活上,郭纲琳也过得极为简朴,她把自己好几件衣服都送给了小姐妹穿。看着女工友们穿着旗袍美滋滋的样子,郭纲琳打心底里高兴。到夏天,她自己就只有两件衣服换着穿,平日常以几个烧饼来充饥,剩下的伙食费,有的支援工厂的贫困工友,有的作了组织的活动经费去买纸张、墨油来印制传单等。

据于添卷老人回忆,因当时白色恐怖严重,郭纲琳时常搬家,几次搬家都请于添卷去帮忙,"有一次在她搬家后不久,我去找她,出乎意外地看到她和房东及邻居几个女人一起在楼下大厅里打麻将,还有一堆人围着看,谈笑风生,玩得非常高兴。她见我来了,就说,你到楼上去等我,屋里有人。我上楼一看,有两个年轻的团员在她的房间里,非常忙碌地用油印机印刷文件。时值酷暑,他们干得大汗淋漓,我正想动手帮忙,纲琳轻轻地打开门进来,背靠着门十分严肃地对我说:这是什么地

方,这么小,这么热,这么挤,没你的事,你还待着干什么,还不快走。我就随她一起下楼,她又兴致勃勃地继续打麻将,还轻松地说,不送你了,过几天见。她是在保护我,她打麻将,是为了掩护同志们工作,还可望风。"

于添卷老人还动情地回忆说,"那时,不仅斗争环境恶劣,生活条件也很艰苦。纲琳住的房间很小,只可放一张帆布行军床和一张小桌,连一条坐的小板凳都没有。臭虫很多,她同我开玩笑说,她要捉满一信封的臭虫寄给我。在这样的情况下,纲琳乐观地昼夜忙碌着,坚持不折不扣地完成各项工作。"

1931年后,以博古为首的中共中央临时政治局未能适应形势发展的需要,继续推行冒险主义和关门主义的方针,使党在组织上和工作上都遭到严重损失,境遇变得更加困难。全国赤色工会的会员,到1932年1月只剩下3000人。临时中央在上海难以立足,不得不在1933年初迁入中央苏区。在极为艰难的环境中,国民党统治区的共产党员仍然坚持斗争,推动抗日救亡运动,反对蒋介石的独裁统治。郭纲琳就是其中坚定的一位。

由于白区工作遭到了极大破坏,上海街头布满了敌人的"眼线",郭纲琳常发现有密探跟踪她。同志们为她担心,她却爽朗地笑着说:"口供早就准备好了!怕什么!"

革命伴侣事业至上

1932年冬,郭纲琳与她的老同学、战友李伟结婚。

郭纲琳与李伟结婚不久,他俩就一同调至共青团上海沪西区委,郭纲琳负责工厂支部工作。

沪西区工厂多,工人们白天都在紧张劳动,工作难以开展。郭纲琳常常天未亮就在街灯下迎接上班工人,和他们联系工作;晚上工人下班,她又在路旁耐心等候,同他们谈心,了解情况。整整一个严冬,郭纲琳冒着寒冷,夜以继日地工作着,引导很多工人走上革命道路。

李伟,原名詹伟烈,1911年出生于广东省饶平县新丰镇。幼年在本村小学读书,后到县城上初中,1927年于汕头市读高中。1929年到上海入中国公学高中部学习,1930年进入该校大学部一年级。同年开始参加革命活动。九一八事变后,他全力投入了抗日救国运动,和郭纲琳一样,曾连续三次参加上海学生到南京的请愿示威斗争。淞沪抗战中,中国公学毁于炮火,很多同学无处安身。在地下党的领导下,李伟和郭纲琳一起,组织"被难同学会",募集寒衣,救济难民,组织抗日义勇军,参加战地服务,支援前线。

1931年冬天,李伟由郭纲琳、朱光介绍,加入中国共产主义青年团,一年后转为中共党员。1932年初,李伟在团内当突击队员,表现积极,不久调法南区任团区委宣传部长,从此放弃学业,投身革命。

1932年八九月间,因组织发电厂工人罢工,李伟联系的突击队有2个队员被捕,他因去接头也被抓,被关40多天。经其家庭托人花钱,请律师多方活动,才释放。其父得知儿子在外搞革命活动,不断写信,要儿子放弃"非法"活动,直到不给寄钱,要其辍学回家。李伟几番回信,坚决表示要走自己认准的人生道路。后为了防止暴露,李伟毅然与家庭断绝关系,从此失去了家庭经济上的接济,生活靠一些同乡和纲琳等同学的帮助。

不久,李伟被调到共青团江苏省委组织部任巡视员,联系国际无线电台团支部,为团组织筹集经费。1932年冬天,沪西区团组织被破坏。组织上调李伟去任团区委书记,搞恢复工作。不久组织上又把郭纲琳调去,和李伟一起做共青团组织的恢复工作。经过他俩一段时间紧张艰苦的工作与斗争,扭转了工作的被动局面,恢复了沪西区的共青团组织。到1933年春天,发展了一批团员。人多了,为了便于领导,团省委组织部决定分区。在新区召开成立会时,因叛徒出卖,李伟和另两位区委书记及组织部长、秘书共5人都被捕。同年5月,李伟等被押解到南京江苏高等法院。李伟被捕后,在黑暗的警车里,把藏在毛衣袖口的材料吞进肚里,所以几次遭到刑讯,敌人都拿不到证据,后来被转

入苏州监狱。在押解途中,李伟带头呼喊抗日救国口号。在狱中,为了改善生活,李伟串联难友进行了多次绝食斗争。经过组织上多方营救,李伟同年9月被释放。那时,郭纲琳正任共青团无锡中心县委书记。郭纲琳曾去苏州监狱看望过丈夫一次。李伟出狱后,到无锡找到郭纲琳,夫妻俩又见了最后的一面。

李伟被释后回到上海,在团中央组织部任秘书工作。1934年4月,李伟调共青团河北省委任宣传部长,后任组织部长。同年10月,因叛徒出卖,李伟再度被捕。敌人从李伟身上搜出一封信,洗出信件的密码暗号,当即讯问,逼他讲出密码内容。严刑拷打从午后延续到次日凌晨,李伟因遭酷刑而失去知觉三四次,最后精神失常,发出狂笑,敌人才停止摧残。此后几乎每晚被用刑,李伟经常昏倒。由于痛骂敌人,他的嘴里被填入木塞。敌人虽千方百计软硬兼施逼供近两个月之久,但始终无法知道李伟的真实职务和密码内容(密码内容是团省委组织部抽调团员的名单),李伟被国民党法庭判15年徒刑,关押在保定国民党第四监狱。1937年9月,日寇将侵占保定县城时,国民党军警溃退,释放了所有的关押人员。

1938年,李伟进入太行山革命根据地,担任邢台县抗日公学校长、太行区三专署路东干校教导主任。他因受过重刑,身体损伤,一度不能工作,在区党委养病。以后,他还曾担任过中共吴淞区委第一书记等职。

得知郭纲琳英勇就义的消息后,李伟十分悲痛。在之后几十年的革命、工作、生活中,无论身处什么岗位,无论走到什么地方,他都一直在心里深切缅怀着自己的第一任妻子郭纲琳。

理想坚定何惧曲折

1933年春,郭纲琳调任共青团江苏省委内部交通,以未婚妻名义为掩护,与团省委巡视员李丰平直接联系,开展工作。

在险恶的环境下，郭纲琳多次躲过敌人的搜捕，机动灵活地将党的秘密指示和各种文件，以及生活费传递给李丰平，从未出现过一次差错。有一次，她带了很重要的文件在街上走，走进一条弄堂，便发现几个人形迹可疑，她立即意识到要去的地下党机关可能已遭破坏，便闪进附近居民家，见门内只有两个小孩，郭纲琳亲切地向孩子问明父母情况，告诉孩子她是"李姑妈"，还从口袋抓糖果分给孩子吃，趁机将文件藏起来。当巡捕们搜查到这家时，郭纲琳神态自若，孩子们对她也很亲热。巡捕遂以为她是孩子的家人，草草翻一下就离开了。

1933年五六月间，郭纲琳以团省委巡视员身份到无锡，任团中心县委书记，领导无锡、宜兴、江阴、常熟、苏州等地的共青团工作。她化名张英，以表姐身份住在省立无锡中学一位女团员家中，为恢复和发展团的组织日夜奔波。她深入工厂，向童工们嘘寒问暖，鼓励工人与资本家斗争；她深入学校，向学生们推荐革命小说和鲁迅杂文，领导"反会考"（九一八事变后，国民党政府为阻止学生参加抗日活动，规定高中毕业生一定要统一考试合格，才发毕业证书，学生们起来反对这一做法）的签名运动，引导陈云霞姐妹、华萼姐妹、顾秀芬、丁定英等青年学生走上革命道路；她深入商店、机关和街道里弄，深入群众中开展工作，甚至连老太太也被她发动起来了。团员华萼的母亲信奉佛教，经郭纲琳宣传鼓动后，竟将抗日宣传品装进"朝山进香"的黄布袋里，散发到铁路线上。

为配合苏区的第五次反"围剿"，郭纲琳亲自刻写、油印和散发传单，并且找工人谈话，宣传反"围剿"的重大意义。

为改善黄包车工人的地位，在郭纲琳的鼓动下，无锡全城黄包车工人组织了一次规模很大的要求减少车租的罢工斗争。这次斗争，影响很大，使无锡市内交通瘫痪了好几天。1933年8月7日《新无锡》以"人力车夫昨全体罢工"为主标题作了这样的报道："……于昨晨四时许，突然发生罢工，全日人力车绝迹。县政府县党部等分别召集车业同业公会急呼让步，至晚，同业公会召开全体会员大会，决定尊重会长意见，暂时每日每辆收车租小洋四角铜元二枚，维持九天，容本月十五日由党政机关秉公处理，再行另商标准车租……"

同年11月，为纪念俄国十月革命16周年，郭纲琳向团员们讲述了十月革命的伟大意义，布置了插红旗活动。会后，她亲自指挥了无锡县的团员插红旗活动，一夜间将红旗插到无锡县城楼和工厂区的电线杆上，使无锡国民党当局十分恐慌。

1933年底，共青团无锡县委被叛徒出卖而遭破坏，不少同志被捕。危急中，郭纲琳迅速通知已暴露的同志立即转移，布置未暴露的同志隐蔽起来。把大家都安排妥当后，郭纲琳方才从容装扮成新娘，由黄宝华护送，绕道南门到旗站乘火车，脱离了险境。

关于郭纲琳在无锡从事革命斗争，陈云霞这样回忆道："小郭除领导苏州、常熟等地团的工作外，在无锡进行的工作有发展团组织，领导反对国民党第五次'围剿'的宣传活动；领导黄包车夫罢工和纪念苏联十月革命节挂红旗等活动；选派团员出席上海宋庆龄等召开的反帝大同盟会议；到工厂找工人谈话，对工人进行阶级教育；在她的住处油印宣传品。""一天清晨，小郭急匆匆来我家告知我不要到学校去读书了，

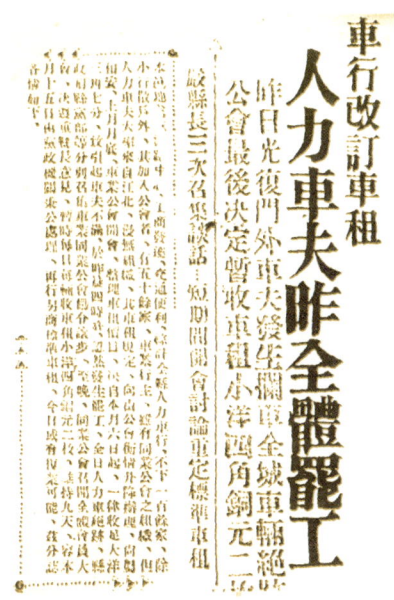

1933年8月7日《新无锡》报道人力车夫罢工

说昨晚锡中有八九个住校学生被捕,赵锦安、范斌也被捕了,他们和我有工作关系,要我找一个可靠的同学处先隐蔽起来。""1933年苏联十月革命节前夕,郭纲琳曾把我拉到她的住处,对我讲苏联十月革命节的伟大意义。说为了纪念这个重要节日,团组织决定组织一些团员在11月6日先到惠山工厂区挂红旗。她要我在这天晚上带几个我熟悉的团员到我家里化装成女工,然后到那里工厂区的电线杆上挂红旗。为做好准备,除要我预先借些短衣长衫等打扮成女工外,还要我和参加挂红旗的几个团员讲一讲纪念苏联十月革命节的重大意义。""郭纲琳亲自来我家检查我们化装情况。11月6日晚上八九点钟,我们就出发,出了城,跑到隐蔽处,我们就脱下外面穿的旗袍,把它放到附近坟墓草堆里,等我们挂完红旗再过去穿好旗袍进城。"①

---

① 此段据陈云霞1970年9月12日口述的证明材料。

第四章
永是勇士洒碧血

法庭抗争大义凛然

1934年初,郭纲琳被调任上海闸北区团委书记。之前,闸北团区委已两次遭到破坏,环境异常险恶,但她毫不犹豫,接受任务后立即投入战斗。她主持制订大昌德绸厂罢工计划,拟定了绸厂罢工宣传稿,并组织各大绸厂支援罢工,准备成立绸厂工会,开展募捐,组织纠察队等活动。郭纲琳还联系、发展了一些积极分子,培养他们成为党领导的工人运动的骨干。出生贫农的纺织女工王珍宝就是在郭纲琳影响下倾向革命,并逐渐倾向共产党,成长为工人运动的积极分子的。工厂夜校的女教师许立清,本来就有进步倾向,在郭纲琳的培养和带动下,积极投入到党领导的工人运动中。郭纲琳曾对她们说:"条件不成熟的情况下,不要急于搞罢工斗争。现在的关键是要启发工人群众的觉悟,让工友们明白,之所以会受压迫剥削,一是有狠心的老板,二是有反动的政府,三是有欺压中国人民的外国侵略者。要把有了觉悟的工人群众组织起来,然后再逐渐开展有针对性的斗争。这就是你们的任务……"从这些言辞可以看出,彼时,郭纲琳已从一名坚强的革命战士成长为一位沉着冷静、富有经验的革命组织者。

1934年1月12日傍晚,郭纲琳前往海宁路祥麟里一三三八号亭子间郑子仪家开会,布置绸厂罢工事宜。当她走进郑家,已有一个叫吴仁卿的在场,接着又来了浦东人顾阿新和自称是暹罗人的白敦。房主郑子仪听说他们中有人未吃晚饭,便借口买面条出去了。不一会,一支中西探捕队闯了进来,郭纲琳感到突然,但她很快镇定下来说:"我们是请房主人介绍工作的。"探捕们把亭子间翻腾得乱七八糟,从一只皮箱里抄走了文件和书籍25种,共几百件,遂即恶狠狠地把郭纲琳等四人推上囚车。到捕房后,敌人确认吴仁卿是他们的"眼线"而将其释放,而郭纲琳与顾阿新、白敦则一起被关押。

美国人在上海出版的《大美晚报》就以《又一批共产党嫌疑被捕》为大字标题做了报道。

郭纲琳被捕后化名郭英。

第二天,敌人将她从工部局汇司捕房押解到江苏高等法院第二分院第一法庭,并当即开始审讯。年轻的郭纲琳沉着镇定,一一据理驳斥法庭的审讯。当天《大美晚报》的报道中,说她"态度之从容,为从来犯人中所罕见,面容冷酷,时摇头发平静之冷语。推事询其是否加入共党,摇其首称:'不知道',语更冷淡,站立被告席中无半点忧色。总之,

上海公共租界巡捕房关于郭英的录供单摘抄

为一冷酷镇静资格老练之女性"。

　　第二分院是特别法庭,当时凡在租界被捕的政治犯,都要在这里进行公开审讯后,方可根据国民党市政府的请求而引渡。一个星期后,即1934年1月20日,郭纲琳案在上海公审。公审的消息并没有公开,但不少中外报纸的记者和当地民众已早早地守候在法庭外。待法官、陪审员等依次入场坐定后,郭纲琳身着旗袍和短呢大衣,雍容大气地出场。开庭后,法官按惯例问过郭纲琳的姓名、年龄、籍贯。当被指责犯了"危害民国""破坏睦邻"之罪时,郭纲琳从容不迫地反诘道:"谁丢了东北3000万同胞,谁丧失了东北三省土地,谁便是危害了民国。你们说,是我还是你们国民党?谁侵犯了邻国的土地,谁抢劫了邻国的财产,谁奸淫了邻国的妇女,谁便是破坏了睦邻。你们说,是我还是日本帝国主义?"这一连串义正词严的责问,令法官们慌了神,连忙阻止说:"不要再胡说了!这样年轻,中毒实在太深了!"郭纲琳又毫不留情地说:"不错,我是骂过日本,骂过不抗日的国民党。为什么要骂呢?……暴日占我东三省,版图变色,国族垂亡,暴日的魔爪这么快又伸到上海,挑起战争,妄图占领上海,奔袭南京,迅速灭亡我中国……十九路军奋起抵抗,以血肉之躯,筑成壕堑,有死无退,政府难道不应该尽全力支援吗?到底为何,坐误戎机,致使十九路军弹尽粮绝被迫退出上海?……我是参加了战地服务团,任何一个有良知的中国人,怎么会忍心看到山河破碎、同胞惨遭蹂躏而袖手旁观!你们把坚决主张抗日,宁碎头颅,以报效国家,以救民族的都当成是共产党,可惜我还年轻,为自由,争生存,我做得还太少!……"郭纲琳情绪饱满,音色清亮,语气时而激昂时而低回,非常富有感染力。就这样,她完全把庭审当成了一场战斗,把法庭视为了宣传抗日主张的演讲台。旁听席上的群众不觉都听入了神。尤其在诸多外国记者眼中,这位美丽端庄的东方女性浑身散发着不可侵犯的神圣光芒!一位外国青年记者后来报道说:"郭英——这位青年女性的眼睛里有一种威严不可侵犯的光芒,比古代皇后还富于权力。那种光芒射向法官,法官失色;射向国民党那位可怜的官员,那位官员低头。结果弄得不是法庭在审讯犯人,好似犯人在裁判法官。"①

在郭纲琳的凛然正气面前,主审法官张口结舌,无言以对,只得传唤出一个叛徒,指着问郭纲琳:"你认识他吗?"郭纲琳斩钉截铁地回答:"不认识!"法官又问叛徒是否认识郭纲琳,叛徒回答:"我认识的,她不叫郭英,本名叫郭纲琳,我领导过她的工作。"郭纲琳当即睁大了她那双近视却十分明亮的眼睛,怒斥道:"你认识我吗!你有什么资格来作证?"吓得那叛徒低下头去,两腿发抖,似乎要倒下去一样,结结巴巴地说:"他们打得我一身是伤,硬叫我说认得你。我实在没办法!"郭纲琳于是机智地大声说:"你们听到这个可怜的人说的什么?他在严刑逼供下,无法忍受才乱咬人的!这证明他前面说的全是谎话!"

法官们宣布暂停审判,约一刻钟后,一位法官宣布:"郭英即郭纲琳,应引渡交中国政府处理。"

第二天,上海的《字林西报》《大美晚报》等报纸都在头版头条相对客观公正地报道了这次庭审消息。

公开审讯后,郭纲琳即被引渡给上海市公安局,由"特务股"担任审讯。在这里,她被一些无耻的叛徒包围上了。面对这些昨天还是革命的战士,今天却成为最可耻最凶残的敌人,郭纲琳说:"你们好像夏天小菜场上的苍蝇一样,任何新鲜食品经过它们一沾染,即变成了有毒而腐臭的东西。"对于叛徒讲的花言巧语,郭纲琳全当作是苍蝇的嗡嗡声,听也不听。敌人让叛徒穿上囚衣,伪装成可怜兮兮的受难者,想哄骗郭纲琳取得口供,也被纲琳及时识破。纲琳指着叛徒们说:"不要玷污了曾被祖国英雄穿过的囚衣,也不要玷污了这个仁人志士献身的祭坛。假如你们还知道羞耻的话,你们应当从这里滚出去!"②

---

① 中共江苏省委党史工作办公室、中共南京市委党史工作办公室、雨花台烈士陵园管理局编:《雨花魂》,第445页,中共党史出版社,2015。
② 陈农菲:《不屈的女战士郭纲琳》,载中共无锡市委党史办公室、中共无锡县委党史办公室编《无锡革命斗争史料选编 第二辑》,第97页,1984年10月。

乐观健美奋斗不息

不久，郭纲琳被押至在南京的宪兵司令部看守所。

在南京城南夫子庙熙熙攘攘的瞻园边上，有一幢风格与众不同的建筑：高大的黄色围墙，黑色的屋顶，朱红色的大门，显得威严而又神秘。这里是瞻园路126号，现在的南京航天管理干部学院，也是原国民党的宪兵司令部所在地。民国时期，这里可是南京人谈之色变的"魔窟"——罗登贤、邓中夏、黄励、郭纲琳、顾衡等烈士就是在这里度过了生命中最后的时光；陶铸、陈赓、丁玲和田汉等人都在这里被囚禁过。随着时代的变迁，原宪兵司令部的其他建筑已经消失不见，只留下高大的门楼，无声地诉说着当年的血雨腥风。

在宪兵司令部看守所，敌人继续对郭纲琳进行审讯和诱惑，妄图使她屈服归顺，但郭纲琳始终没有暴露自己的真正身份。

郭纲琳被捕后，毕竟血浓于水，作为名门望族的郭家立即想办法营救。一开始，郭家托出生于句容周乡、当过英巡捕房头目的上海大中华饭店经理戴步祥出面，后又请托到律师秦待时，破费近千元。结果都因倔强的四小姐拒绝在拟好的悔过书上签字而作罢、作废。

在狱中，乐观豪爽的郭纲琳常常写些小条子鼓励同志们。她住在南京的兄嫂等家人常送来食物，她自己吃得很少，大部分都分送给大家了。对受过重刑和有病的同志，她更是想方设法地关心照顾。一次，有位女同志受了严刑拷打，流露出悲观弃世的情绪。郭纲琳发觉后，立即紧紧抱住她，亲切地吻着她说："我们是革命的战士，要珍爱自己的政治生命，保持党性的纯洁。我们可以抛弃个人的一切，但绝不能失去这个比生命更伟大的政治贞操！敌人可以枪杀我们的身体，这是我们无法抵抗、避免的，但我们绝不能允许敌人枪杀我们的灵魂！"这位难友听了郭纲琳的话，十分感动，说："我会记住你的话。不管是生是死，我的灵魂永远与党在一起，与你们在一起！"

郭纲琳的老战友陈农菲1958年在回忆文章中写道:"一九三二年（应为1934年,作者注)她被移解到国民党南京宪兵队司令部看守所。这是国民党统治得最严密的一座囚牢。可是纲琳同志却丝毫未减少她的活动。她仍是精力充沛、斗志昂扬、态度坚定地战斗着。她和好些立场坚定的同志的活动,使这阴森恐怖的看守所里多数人都充满着乐观的精神。她大胆而细心的工作争取了两三个看守人对我们的同情。"①

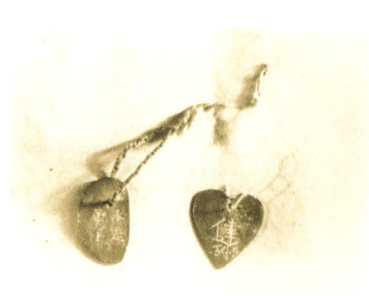

郭纲琳用铜元磨成的心形坠片,上分别刻有"健美""永是勇士"字样

不知是谁带的头,看守所里的难友们纷纷热衷于在地上、墙上、铁床架子上先将铜元磨成各种形状,再用利器或铁钉在铜元上刻出文字,然后互相赠送,表达心愿和相互激励之情。怀着对党对事业的无限热爱,郭纲琳将两枚铜元磨成心形的坠片,再用利器和铁钉一点点在铜坠子上镌刻、敲击出"健美""永是勇士"的字样,以表达自己决不投降、永当粉碎旧社会的勇士、永当无产阶级革命勇士的心声。

最后,在看守所,敌人以郭纲琳犯有"危害民国紧急治罪法"所列之罪,判了她8年徒刑,于1934年5月押解到位于南京老虎桥的江苏第一监狱执行。

江苏第一监狱,始建于1905年,原名江南模范监狱,是晚清政府接受西方司法理念、逐步推行狱治改革的产物。1917年,改名江苏第一监狱,直至抗战胜利。因监狱在城内进香河东侧,河上建有老虎桥,又被称为"老虎桥监狱"。1928年8月,南京第一陆军监狱建成后,这里的政治犯、军事犯陆续迁出。由于南京第一陆军监狱和后来建立的中

---

① 陈农菲:《不屈的女战士郭纲琳》,载中共无锡市委党史办公室、中共无锡县委党史办公室编《无锡革命斗争史料选编 第二辑》,第98页,1984年10月。

央军人监狱都没有设女监,从全国各地押解到南京的女政治犯、女军事犯判刑后一般都关押在此。于是,关进江苏第一监狱的女政治犯越来越多。

当时老虎桥监狱一排十间的平房里,关押着30多名女政治犯,有何宝珍(化名王芬芳)、帅孟奇、夏之栩、钱瑛(化名彭友姑)、熊天荆(化名田耕)、易纪均等一批共产党员和其他同志。郭纲琳进来后很快和她们一起并肩开展狱中斗争。

何宝珍,又名葆珍、葆贞、葆真,化名王芬芳,1902年4月出生于湖南省道县。1918年考入衡阳省立第三女子师范学校,率先参加反帝爱国运动,被选为湖南学生联合会代表,后加入中国社会主义青年团。1923年初加入中国共产党,同年与刘少奇结婚。1933年3月由于叛徒告密,被国民党宪兵逮捕。在狱中,她多次被严刑逼供,但从不屈服。1934年秋,何宝珍在南京雨花台英勇就义,年仅32岁。

郭纲琳刚被关入老虎桥监狱时,就听难友讲起过何宝珍大姐受刑的事情。有一次刑讯时,特务们用烧红的铁签钉何大姐的手指,用热辣椒水和凉汽油交替地往她喉管和鼻孔里灌,还把烧红的烙铁直接按在她的胸脯上,并且不停地用鞭子狠狠抽打她……宝珍大姐多次昏死过去,但始终顽强不屈。每次苏醒过来,只有一句话:"要口供没有,要命有一条!"郭纲琳听说后,深受感动,暗下决心,面对严刑拷打,一定要像何大姐这样坚强。不久郭纲琳认识了何宝珍,由衷地向何宝珍表示敬意。何宝珍对她说:"我没有做什么,只是做了一个共产党人应该做的。我并不希望人们记住我、说起我,我只想我们大家一起为祖国独立解放和人民自由幸福而斗争!"

一次,有位难友因在家信中写了"救国何罪?判刑坐牢,想不通……"这样的话,被敌人发现后受到严刑拷打。郭纲琳得知后,立即将写有"不要害怕,坚持斗争,大家支持你"的纸团从铁窗掷给这位难友。难友看后很受感动和鼓舞。

当时,监狱的生活特别艰苦。犯人每天一角五分钱的伙食费,经过层层克扣,吃到嘴里的就只能是最差的米煮的饭,还夹杂着大量砂子、稗子和糠皮，菜不是老冬瓜就是烂茄子，不然就是发臭的菜干之类。郭纲琳每天吃饭时细心地将沙子、稗子拣出来，洗净晾干，积存几个月就做成了一个枕头芯。她对身边的难友说："如果我能活着出去，我一定将枕头芯送到革命纪念馆，让我们的同志和后代知道，为了革命胜利，我们过的是一种怎样的非人生活。"

为了抗议狱方虐待政治犯、克扣伙食费等罪行，郭纲琳还参与组织和领导了三次绝食斗争，其中规模最大的一次是支持太平洋赤色职工国际书记牛兰夫妇的斗争。其时，这两位国际友人要求无条件释放，反动当局不理，夫妇俩于是绝食抗议。为了支持牛兰夫妇，难友们遂集体宣布绝食，一并提出抗议克扣囚粮、改善伙食等要求。斗争到第四天，敌人以大米饭、红烧肉来引诱，企图动摇难友们的意志，还威胁说："谁不复食，就枪毙谁！"这时同志们虽然体力衰弱，站立不稳，但也不示弱。郭纲琳首先挺起身子，振作精神，炯炯目光怒视敌人，高呼："不答应条件，决不复食，要枪毙一起枪毙吧！"同志们齐声应和。绝食斗争坚持了7天，最后，敌人被迫作出让步。牛兰夫妇被送医院治疗，斗争取得了一定胜利。

监狱中的女同志，还曾发起送一条围巾给牛兰夫人的活动，要求每个女同志各自绣围巾的一部分。郭纲琳当仁不让地绣了一角，绣的是一只展翅的大雁，寓意大家一定可以冲破牢笼，获得展翅高飞的自由。其时，监狱的女同志都喜欢通过刺绣、打绒线来陶冶情操，坚定意志。心灵手巧的郭纲琳曾在一条手绢的左上部绣上五角星，因怕敌人发现，右下部又绣了英文"Long live（万岁）"字样；1935年1月，郭纲琳在一个枕套上绣了两行刚劲有力的英文——"To struggle for truth！（为真理而斗争！）"，表达了她对共产主义理想的坚定信念和为探索真理而奋斗终生的决心，并在左下方精心配绣了一对依偎亲昵的小猫。

郭纲琳非常喜欢象征忠贞高洁的大雁。还被关押在上海市公安局的时候，望着铁窗外飞过去的雁阵，郭纲琳对难友们说："雁是很高尚的鸟，它们是合群的，也是最有组织纪律的。而且它们是最贞洁的！"有位难友情绪不高，回应说可惜大家现在都已成了失群的孤雁。郭纲琳立即

郭纲琳手绣的手帕和枕套

鼓劲说："我们并不孤单！有成千成万的中国人民在希望着我们，有全世界被奴役的兄弟姐妹在希望着我们，中华苏维埃政府和红军在与我们一同作战，我们的党和同志们都在继续战斗。在这铁壁高墙之外便有难以数计的人在呻吟、在怒吼。我们并不孤单！越来越孤单的是想用监狱的铁栏，将我们与群众隔开的那些卖国贼，为帝国主义统治中国服务的清道夫——国民党！"①她随后还写了"雁之歌"来鼓舞战友的斗志。

1935年9月，郭纲琳斟酌良久，在另一个白色的枕套上精心绣上了一只俊秀丰满的大雁昂首展翅、凌空翱翔，并在左下部绣上"起来"字样。

在漫长的牢狱生涯中，郭纲琳始终保持着顽强的斗志，也保持着旺盛的学习热情。她几次列出书单，请来探监的家人多带些哲学、政治经济学之类的书来。她不仅自己如饥似渴地读这些书，还组织难友一道阅读、讨论。她常说："我们的理论基础太差了，做革命工作常感到不能胜任。""革命凭忠心、凭热情是不够的，必须学会能战胜万恶的敌人的本领。"她在给兄长的信中

郭纲琳手绣的"大雁"枕套

---

① 陈农菲：《不屈的女战士郭纲琳》，载中共无锡市委党史办公室、中共无锡县委党史办公室编《无锡革命斗争史料选编 第二辑》，第98页，1984年10月。

说:"让我能得着的时日求些我愿求的知识,一直到最后一日。"一次放风时,郭纲琳无意间见到一位难友在阳光下翻阅外文书籍,懂英文的纲琳才知道这里不禁止读外文书籍。于是,她请来探监的妹妹纲华等人帮她购买英文版的马列著作送进狱中。从此,狱中很多女同志开始跟着纲琳从 ABCD 起步学习英语,而郭纲琳在原来掌握英语的基础上,又开始学习日语。她和难友说:"九一八事变后,就常想要学习日语,更好地和日本侵略者斗争!可一直忙,现在坐在囚牢中,倒是有一点时间来学日语了。"

信仰在怀生死度外

郭纲琳烈士的妹妹与嫂嫂在雨花台留影

纲琳被捕后,郭家不惜花费巨额财产,多次设法营救,结果都因为她拒绝在国民党拟好的悔过书上签字而作罢。郭纲琳的嫂嫂、妹妹及其他亲友只得轮流来探望,苦口婆心反复劝她"悔过",早日出狱。直至有一次,纲琳非常郑重地对来看望自己的嫂嫂等说:"你们如果要帮敌人在精神上枪毙我,我便不是你们的妹妹了!我是相信真理的人,我是热爱我们祖国的人……死,我是从来不怕的。人总是要死一次的,但要死得有意义,有价值……我想你们决不愿你们的妹妹成为那种废料,而是希望她成为一个真正的人!"①这番话,令在场的嫂嫂、妹

---

① 陈农菲:《不屈的女战士郭纲琳》,载中共无锡市委党史办公室、中共无锡县委党史办公室编《无锡革命斗争史料选编 第二辑》,第 101 页,1984 年 10 月。

妹很是震撼,从此以后她们再也不劝纲琳"悔过"了。

一向清高的大哥郭纲伦为了妹妹也一直四处奔波、打点,希望能请到一些要员帮妹妹出狱。在得知有两个国民党中央委员保释即可出狱的消息后,郭纲伦赶紧请南京文艺联社负责人李宗璜说情保释。李宗璜又串联了另一个国民党中央委员同狱方交涉,条件是要郭纲琳在出狱后放弃政治主张。在打通各种关系后,郭纲伦写信给妹妹,恳切希望她一定不要再错过这个机会。在雨花台烈士陵园,至今还能读到郭纲琳写给哥哥郭纲伦的回信。

伦兄:

我拖延了许久许久才复你信了吧!我不愿申诉和说明什么,因犯人的心理是绝隔人世不起作用,也许有很多的想象是脱离实际的。为了她抓不住实在做她估计的对象,所以给与她的会令她失望得可怕。现在我很能安静,脑袋似静水一样无波纹。我不希望什么,更不为失望而悲叹。我现很能安命自守,虽在过去我不利用时间追求我的现实,专在追求我身体的自由而陷于失望的苦燥中。现在呢?我不那样企求了!现在我的中心是:"让造成我的命运来完结我的命运,让我能得着的时日求些我愿求的知识,一直到最后一日。"我知道希望在追求中是甜密[蜜]的、美满的占多数,可是实现了后因时间与空间的更换,也许会恼恨希望的实现。所以你要我做的,我是不能给你圆满的回答。并我该告诉你:"我不愿造一点点罪恶在我生命中。"伦兄!请你原谅我不能屈伏[服]在一个无罪而加上有罪的名义下来遵从你。我知道自己,明白自己。并且我也知道你们的苦衷!我常常觉得给你们的实在也够烦忙了,我为什么要这样累赘你们呢?我能给你们一点什么答复呢?——哦!垂[睡]猪的生活——再有什么?什么也没有了!再有给你们的只有失望,还说什么呢?总算好,我的身体和夏日一样有力,自入秋来胃少有不佳,别均似夏日的我。请你放心!我近来还能读点书,因能读书,所以杂念也易消失了!中秋节快临了,你

们又忙着请客了吧！我们犯人一年照例有三次特许的买牛猪肉吃——春节、八月节、旧历年——所以每个犯人逢到这时都有一点兴奋。如没有钱，那只有望肉而兴叹了！八月节商[尚]未到，早就计划着："还有一个月要吃肉和月饼了。"八月节可买月饼吃，五月节可买粽子吃。月饼比粽子好吃，能放得久多。八月节离我们还有半个月，不知你来得及请我否！七叔许久未来信了，大约公事忙吧！请他把小弟弟照片再寄张我。并替我向他要求他："请我过节！"肯不肯呢？好！！纸完了！下次再谈！

　　祝你
　　努力保重！

狱中英妹谨上
八月廿六日

郭纲琳在狱中于1935年8月26日写给郭纲伦的信

　　郭纲琳在这封回信中说，"……你要我做的，我是不能给你圆满的回答。并我该告诉你：'我不愿造一点点罪恶在我生命中。'""伦兄！请你原谅我不能屈伏[服]在一个无罪而加上有罪的名义下来遵从你。"这封信展现了郭纲琳高尚纯洁的情操和坚定不移的信仰。信中看不到一丝哀怨、消沉的情绪。相反，坐长牢的人还能很安静地读书学习、吃饭睡觉，心少杂念，以轻松快活的语气大谈买牛猪肉吃，以及月饼和粽子哪个好吃，还要哥哥请她八月节吃月饼，要求七叔请她过节！一个既淡定从容又活泼俏皮的女战士形象跃然纸上，令人动容。

　　后来，郭纲琳的父亲又费大劲请伪国大代表、国民党中央民训部视察专员巫兰溪来到狱中劝纲琳悔过。巫兰溪曾经是句容县中的教师，郭纲琳听过他的课。巫兰溪以老师的身份劝她说："只要悔过就能出狱自由了。你很年轻，还会有美好前程和生活。不悔过，只有死路一条。你

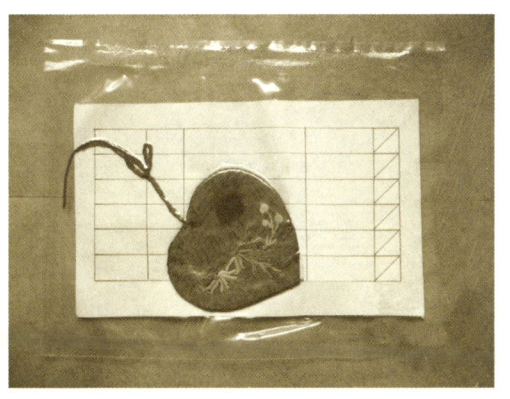

郭纲琳在狱中做的桃果形刺绣香包

将自己的青春和生命白白葬送,有什么意义呢? 以后又有谁会记得你?"郭纲琳断然回答:"您曾经是我的老师。您叫我去抗日,我义不容辞地听从,但您叫我写什么悔过书,我万难从命!"又说:"革命者的青春是美好的,但我早已将她献给了伟大的祖国。为了追求我的最崇高理想,我可以献出生命、青春和一切。我并不希望人们记起我、说起我,我只希望他们朝着自由幸福的道路上前进,朝着祖国独立的道路上前进!"

1935年12月9日,在中国共产党的领导下,北平学生举行了声势浩大的抗日示威游行,强烈谴责国民党政府的妥协退让政策,要求"停止内战,一致抗日"。全国各地学生纷纷响应,爆发了声势浩大的一二·九抗日救亡运动,形成全国抗日救亡运动的新高潮。

一二·九运动后,抗日民主运动不断高涨。全国人民要求"停止内战,一致抗日""释放一切政治犯"的呼声越来越高。蒋介石玩弄两面派阴谋,公开答应"准备大赦",而实际上却将政治犯转到反省院,对他们进行精神折磨。1936年9月,郭纲琳与其他难友就一起被押到首都反省院(南京燕子矶晓庄附近),被编入乙班。

首都反省院1936年4月建于南京晓庄。其时,反省院设男女两排监房,每排监房有20个号子,关押犯人100余人。被囚的犯人多为刑期较短,或从外地押来的文化水准较高(大专以上)而身份尚未暴露的政治犯。

首都反省院

　　反省院规定政治犯每天早会要唱国民党的党歌，上午上三民主义课和马列主义批判课，下午还要写反省日记，进行所谓的政治感化。郭纲琳带头与反省院当局对着干，拒绝唱国民党的党歌，并带头不上三民主义课。她说："你们不是三民主义，而是杀三民主义，你们根本没有实行什么民族民权民生！"她发动难友们拒绝上马列主义批判课，还借写反省日记的机会写了许多宣传抗日、声讨卖国贼的檄文和传单，鼓舞难友们坚持斗争。郭纲琳这些大胆作为打乱了秩序，气坏了院长，慌了阵脚的敌人很快将郭纲琳投入了禁闭室。

　　禁闭室大小不到两平方米，四面皆壁，只在门上开有一个二寸长、四寸宽的小窗孔，作为监视窗。室内空气不流通，阳光见不到，一天除三顿饭和一盆水外，再也接触不到人和事。但郭纲琳仍不屈服，她用破布蘸上牙膏和吃饭时省下的青菜，在牢房的墙壁上写下了"打倒国民党""共产党万岁"等口号，还放开喉咙高唱《国际歌》《苏武牧羊》。"苏武牧羊北海边，一待就是十九年。饿食膻腥渴饮雪，天寒地冻受煎熬。

望家乡,长城内,泪涟涟。为社稷,秉忠心,死何惜……"①

听到郭纲琳清亮的歌声,很多难友也跟着齐声应和。后来,郭纲琳还以绝食来抗议,把送给她的米饭在禁闭室的门上一颗颗粘贴成"打倒国民党""共产党万岁"十个大字。

禁闭室斗争之后,郭纲琳被敌人视为最危险的人物。

1937年7月1日凌晨,敌人将郭纲琳作为重点惩处对象,押回了宪兵司令部看守所,关进甲所11号。这号子是关押判了死刑即将执行的犯人的地方,所以难友们称其为"等死台"。

被押来这里,郭纲琳自知敌人要对她下毒手了。当敌人又一次让她填写自首表时,郭纲琳反讥说:"什么自首表?你们多印些,好好保存起来,不久你们每个人都用得着的!"恼羞成怒的敌人于是几次动用老虎凳、辣椒水等极其残忍的刑罚,折磨得郭纲琳死去活来。

一次,敌人用劈破的毛竹毒打她,给她坐上老虎凳、灌辣椒水,还将她双手反绑,悬吊了整整一夜,但她始终坚不吐实。她愤怒地对用皮鞭抽打她的敌人说:"你们打我干什么,何必这么凶?有本事,打日本鬼子去!"心烦意乱的敌人用竹管套在她嘴上,可她仍艰难地高唱:"同志们奋斗,革命的路,是一块块血肉拼筑起来……曙光在前头,冲上前去,同志们奋斗……"后来,敌人用铁扛子压她,直到郭纲琳昏过去了,又用冷水浇她。纲琳醒来后依然高呼革命口号,气急败坏的敌人连忙用烂菜等来堵住她的嘴。郭纲琳一阵呕吐后,大骂敌人"混账,混账"。

这次受刑后,郭纲琳用鲜血在囚室墙上写下"立场坚定,为革命而牺牲!拥护真理,为真理而流血"!等口号。黔驴技穷的敌人又将她吊在男厕所里,对她进行侮辱,满以为可以击中这位郭四小姐的软肋。孰料郭纲琳依然镇静冷酷,如若无视,继续编歌唱道:"雨花台,雨花台,红骨都在那里埋!雨花台,雨花台,从此不到人间来……"

郭纲琳这种顽强斗争、宁死不屈的精神,令难友们深深敬佩。帅孟

---

① 此处据句容高级中学校史资料。

奇后来回忆说："她的英勇气概鼓舞了很多人,起了很大作用,使有些动摇的人坚定下来了。"

《红骨烈火——郭纲琳烈士的故事》,江苏人民出版社1982年版

1936年12月12日,为劝谏蒋介石改变"攘外必先安内"的既定国策、停止内战一致抗日,张学良、杨虎城毅然在临潼对蒋介石实行"兵谏",扣留来陕督战的蒋介石,发动了震惊中外的西安事变,提出抗日救国八项政治主张,逼蒋介石抗日。在中共中央和周恩来等同志的努力下,西安事变最终以蒋介石接受"停止内战,联共抗日"等主张而和平解决。西安事变的和平解决,成为时局转换的枢纽。自此之后,内战基本停止。在抗日的前提下,国共两党实行第二次合作成为不可抗拒的大势。

西安事变后,中国共产党一直要求释放一切政治犯,蒋介石表面虽答应,暗地里却对政治犯严密封锁消息,并狠下毒手处决一批政治犯。

1937年7月的一天夜晚,敌人将郭纲琳等押到雨花台。临刑前,敌人问她还有什么话,纲琳高唱《国际歌》作答。敌官员诧异道："都快要死了,还高兴什么?"郭纲琳朗声大笑,高傲地说："我一个手无寸铁的女子,凭了真理,凭了对人民的忠贞,凭了党给我的教育,将你们费了不少心机、花了不少力气想出来的阴谋诡计都打碎了,你们什么都没得着,可见我是胜利了。胜利者不是应当大笑吗?!"

郭纲琳接着高呼:"打倒日本帝国主义!打倒国民党反动派!中国共产党万岁!共产主义青年团万岁!"

枪声响起,郭纲琳倒在血泊中……《国际歌》雄壮的旋律仍隐隐约约在空气中回荡。

雨花台在暗夜里哭泣。

郭纲琳牺牲时,年仅27岁。

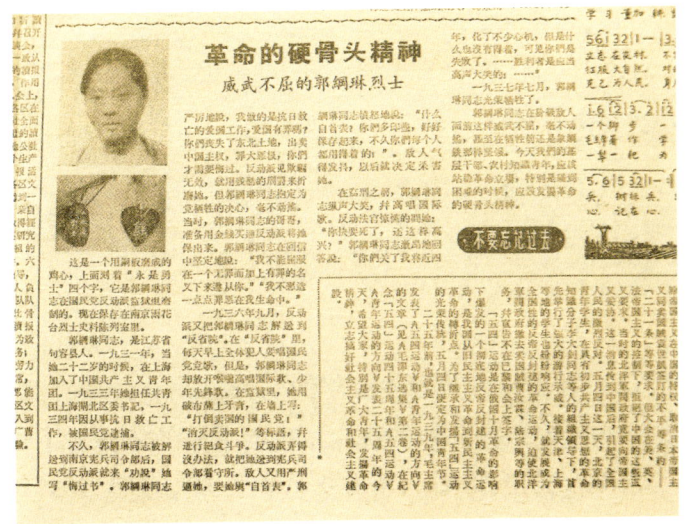

《新华日报》1964年5月1日刊登的文章《革命的硬骨头精神——威武不屈的郭纲琳烈士》

第五章
此情唯寄雨花石

2009年,一对来自杭州的姐妹手捧一枚殷红的雨花石,来到了雨花台,找到了烈士纪念馆。她俩自称是长眠于此的革命烈士郭纲琳的义女,并表示在这枚雨花石上,寄托着她们已故父亲李丰平对郭纲琳烈士几十年的怀念之情。

原来,1933年春调任共青团江苏省委内部交通的郭纲琳,曾以未婚妻名义为掩护,与团省委巡视员李丰平直接联系、并肩工作,由此结下了一段缘。

李丰平,1912年1月10日出生于四川铜梁。上中学时,李丰平因为爱买书,常去书店,结识了书店经理,书店经理很喜欢爱读书学习的李丰平,经常把鲁迅、郭沫若、高尔基等人的书借给他看,又介绍李丰平去成都西南大学进修文学。李丰平担任了该校学生会的文艺部部长,是学生中的积极分子。后来,西南大学被查封,李丰平因及时躲避到四川师范大学族兄处,没有被抓住。1931年,李丰平进入常州工艺学校

李大纲和李大琳在郭纲琳遗像前的合影

读书,不久又考入上海大夏中学。九一八事变后,李丰平在上海参加了左联领导的文艺研究会并加入共产主义青年团。此时的他已走出课堂,在中学生联合会担任团组书记,全身心投入学生运动,很快又加入了共产党,成为一位出色的职业革命家。他领导的"中学联"协同大学生联合会曾经发起上海全市抗日罢课运动,学生上街游行示威,迫使上海市商会实行大罢市;参与并组织领导了上海大学生赴南京向国民政府三次请愿的示威活动,郭纲琳是这活动的积极参加者;李丰平还领导募捐援助沪西纱厂同盟罢工等等。1932年,中学联被国民党政府查封,中共党组织安排李丰平转入地下从事秘密工作,先后担任共青团中央宣传部干事、上海反帝大同盟青年部部长、共青团上海沪东引翔区委书记、共青团江苏省委组织部秘书、共青团江苏省委巡视员等职,并代表团省委领导上海法南、南市两个区的共青团工作。他就是在这时和纲琳并肩从事地下工作的。

当时的生活工作环境异常艰难。出于工作的需要,他们假扮夫妻,住在一起,各自忙着自己负责的革命工作,并相互配合。工作上,李丰平是郭纲琳的领导,李丰平丰富的对敌斗争经验以及处理问题的睿智果断、运筹组织活动的能力和才华,都给了郭纲琳很大启发和帮助。郭纲琳除了认真协助李丰平的工作,也开始在生活上留心照顾李丰平,会关照说:"丰平同志,你的衣服要换了。丰平同志,你不许吃凉的,小心伤了胃……郭纲琳和李丰平就这样在工作和生活中渐渐产生了肝胆相照、生死与共的深厚情感。"可恨因为叛徒的出卖,他们先后被捕。

李大纲介绍,父亲对郭纲琳的感情很深,常常回忆起与纲琳妈妈生活的点点滴滴以及自己被关押在中央军人监狱时,郭纲琳还让家人给他做了套冬衣,想方设法托人送给他的事。

1937年11月,在蹲了4年多大狱后,因抗战爆发,李丰平被党组织营救出狱。走出监狱,李丰平向组织上打听郭纲琳的消息,才知道郭纲琳数月前已经牺牲,悲伤欲绝。

后来,李丰平和文芸相识、相知并经组织批准结婚。俩人也是革命伴侣,共育有6个子女,为了纪念郭纲琳,李丰平用她的名字为两个女儿分别起名为李大纲、李大琳,并且同文芸商量把她们作为郭纲琳的义女。

步入晚年,李丰平对郭纲琳的怀念之情越来越深,在他亲自集藏的家庭相册里,郭纲琳的遗像占据了重要的一页,他曾对子女们说:"她永远是我们家庭的重要成员。"在他做完结肠癌手术后不久,得知南京雨花台烈士纪念馆在杭州巡展,遂不顾病体虚弱,坚持到现场瞻仰,看到郭纲琳的遗像时百感交集,回家后彻夜难眠。

2008年3月28日李丰平在杭州逝世,享年96岁。李丰平生前曾偶然觅得一枚雨花石,热烈殷红,圆润剔透,立即想到了在雨花台牺牲的郭纲琳,觉得这是寄托自己对郭纲琳情感的最好物件。李丰平一直想将这枚雨花石捐献给雨花台烈士纪念馆,最好放到纲琳的身边,还特意为它做了个心形的托盘。然而由于种种原因,直到去世,都未能成行。两个女儿深知父亲的心意,于是在父亲去世一周年之际,与南京雨花台烈士纪念馆取得联系,捐出了这枚雨花石,从而牵出这段尘封了几十年的往事。现在,这枚镌刻有"老战友李丰平文芸暨义女大纲大琳"的雨花石就静静安放在雨花台郭纲琳烈士的展台前。

光阴荏苒,沧桑巨变。时间的重幔叠幛,掩不住那曾经悲怆暗沉的历史图卷。伤痛记忆——它就像是难以愈合的疤痕,永远烙上了我们民族的心灵。落后就要挨打,要生存必须"起来"!多少年过去了,每当我们冷静地谛视昔日那一幕幕不堪回望的苦难图景,就会忆起许许多多像郭纲琳一样不朽的英名。

"不愿造一点点罪恶"在生命中的郭纲琳虽青春早逝,但她的鲜血没有白流,她以身为薪燃烧绽放的纯洁花火和炽热光芒,穿越无边暗夜和曲折来路,依然能令我们感受到丝丝温暖和无穷力量。她"永是勇士"的精神也将永远如灯塔般照耀着我们,指引我们以"健美"、昂扬、高洁之姿,踏过一切坎坷崎岖,冲破所有艰难险阻,抵达那初心所指、绮梦萦系的壮美绝美之境。

李丰平为纪念郭纲琳收藏的雨花石

后 记

2014年12月,习近平总书记在江苏考察时指出:"在雨花台留下姓名的烈士就有1519名。他们的事迹展示了共产党人的崇高理想信念、高尚道德情操、为民牺牲的大无畏精神。要注意用好用活丰富的党史资源,使之成为激励人民不断开拓前进的强大精神力量。"为了贯彻落实习总书记考察江苏讲话精神和江苏省委要求,铭记革命先烈,弘扬革命精神,服务社会主义核心价值观建设,促进文化建设上新台阶,根据江苏省委宣传部的统一安排,由江苏省委党史工作办公室、南京市委宣传部、南京市委党史工作办公室和南京雨花台烈士陵园管理局等单位联合编纂《雨花台烈士传丛书》。《黄励 郭纲琳传》是其中之一。

黄励烈士是第一批前往莫斯科中山大学留学的青年学生,在国内革命形势低潮时期,放弃平静的海外生活,毅然投身火热、危险的国内斗争最前线,先后任中国革命互济总会主任兼党团书记、江苏省委组织部部长。她是女工们口中知心热情的"黄大姐"、战友眼中永不疲倦的"黄铁匠"、敌人眼中"连骨头都是红的"的女共产党员。

"永是勇士"的郭纲琳,是众多雨花英烈成长、成仁的缩影,她生于富贵,却抛却安乐,义无反顾地投身于抗日救亡的革命洪流。后来,她因叛徒出卖而被捕,在狱中与敌人进行了英勇顽强、艰苦卓绝的斗争,达三年半之久,表现出了共产党人为了崇高的理想信念,刚烈顽强、视死如归的意志与品质。

本书黄励传的作者是侍晓莎,在撰写过程中得到了南京雨花台烈士纪念馆、上海市黄浦区委党史研究室、长沙市委党史研究室、益阳市委党史研究室等单位领导和专家的关心与支持;江苏省委党史工作办公室田艳丽处长、姚江婴副处长多次提供珍贵史料和线索,李小曼同志编辑了书稿,在此表示衷心感谢。

本书郭纲琳传的作者是陈春鸣。在撰写过程中,句容高级中学教师万兰芳两次给作者寄来校史里有关郭纲琳情况介绍的资料摘录,郭纲琳烈士的远房侄女镇江市考试院退休教师郭琳及项明长、江嘉喜、孙彤、庄静涛、阚春生、陈寒鸣等烈士家乡的朋友对文稿给予了热情的关注与指点,江苏省委党史工作办公室和镇江市史志办公室的领导和专家也给予了中肯意见,并花大力气编辑。在此一并致以衷心的感谢。

由于书稿撰写时间比较紧促,又囿于年代久远、资料匮乏,书中难免有瑕疵和疏漏之处,敬请各位专家、学者和广大读者不吝指正。

作　者

2021年5月